JN409540

이 책은 지금까지의 영어교수·학습에 대한 비판적인 인식에서 비롯된다.

알쏭 달쏭 영문법 ⑤

정확하고 확실하게 배우는 영문법!
일상생활에서 활용되는
고급영어 마스터!

도서출판 가람

저자 **서용득**(徐龍得)

SUH, Yong-deuk

현재 경상대학교 영어교육과 교수
경상대학교 사범대학 영어교육과(문학사)
고려대학교 대학원 영어영문학과(문학석사)
고려대학교 대학원 영어영문학과(문학박사)
미국 The University of Wisconsin at Madison 교환교수
영국 The University of Sheffield 교환교수

『Intensive Laboratory English』(신아사, 1994)
『영어듣기와 말하기 이해의 지름길』(인터비젼, 1998)
『영어드라마 활용의 길』(인터비젼, 1998)
『영미 드라마 즐기기』(인터비젼, 1999)
『영어드라마 활용의 이론과 실제』(인터비젼, 2001)
『Easy Grammar 사귀기』(인터비젼, 2006)
『Easy Grammar 놀기』(인터비젼, 2006)
『별 것 아닌 영어발음』(인터비젼, 2006)
『차와 드라마 마주 앉다』(인터비젼, 2007)
『영어발음 별 건가요?』(인터비젼, 2007)
『영어 영재를 어떻게 선발할 것인가?』(인터비젼, 2009)
『영문학을 활용한 영어교육』(인터비젼, 2009)
『TOEIC의 정석』(컴퍼스미디어, 2011)
『33가지 알짜영어 맛보기: 문법편』(영출판사, 2011)
『33가지 알짜영어 맛보기: 어휘편』(영출판사, 2012)
『영어교육과 문화 나들이』(경상대학교출판부, 2012)
『TOEIC 어휘, 1,000 이것만 하면 된다!』(영출판사, 2012)
『33가지 알짜영어: 문법편』(영출판사, 2012)
『33가지 알짜영어: 어휘편』(영출판사, 2012)
『Jumping on TOEIC Stage』(JRM, 2013)
『33가지 기초 영문법 노트』(영출판사, 2013)
『33가지 마인드 맵 영문법』(영출판사, 2013)
『누구나 영어발음 잘 할 수 있다!』(영출판사, 2014)
『영문법 에세이: 문장 제대로 파악하기』(영출판사, 2014)
『영문법 에세이: 동사의 친 · 인척과 함께』(영출판사, 2014)
『알쏭 달쏭 영문법 ①』(영출판사, 2014)
『The TOEIC Winner』(JRM, 2015)
『영문법 에세이: 명사와 친 · 인척과 함께』(영출판사, 2015)
『영문법 에세이: 우리 모두 모여 파티를』(영출판사, 2015)
『알쏭 달쏭 영문법 ②』(영출판사, 2015)
『알쏭 달쏭 영문법 ③』(영출판사, 2015)
『알쏭 달쏭 영문법 ④』(영출판사, 2016) 등 책 여러 권 출간

들어가면서

영문법의 성은 견고한가? 영문법의 세계는 아름다운가? 영문법이 영어를 공부하는 우리들에게 어떤 도움을 주는가? 더 나아가 우리는 왜 영문법에 관심을 가져야 하는가에 대한 근본적인 물음과 적절한 답이 없이 우리나라에서 영어를 가르치는 사람이나 영어 학습지들은 길을 잃고 헤매고 있는 것은 아닐까? 영문법의 길을 잃은 나그네에게 길을 안내해준다는 사람들은 너무 많은데, 과연 얼마나 영어 학습자가 제대로 된 길을 찾아갈 수 있도록 안내하는 지에 대한 궁금증이 일어난다.

공부는 왜 하는가? 영어공부는 왜 하는가? 영문법 공부는 왜 하는가에 대한 물음이 없이 우리는 자신도 알 수 없는 세계 속으로 계속 빠져들고 있는 것은 아닌지…

지금까지 우리 영어교육 현장에서 영어를 가르치는 사람들에 의해 무시되어 왔거나 무관심의 영역에 있었던 문법 개념들에 대한 제대로 된 이해를 도모하기 위해 이 책은 마련되었다. 그런 생각들을 영문법의 항목과 연관 지어 보려는 시도를 해보았다. 영어교육 · 학습과 관련된 수많은 연구에 따르면 우리나라의 영어 학습자들이 가장 어려워하는 부분은 영문법이라고 한다. 영어를 가르치는 사람이나 영어 학습자가 영문법의 개념을 먼저 제대로 이해하고 영문법 항목의 종류 및 쓰임새를 가르치고 배워야 할 것이다.

영어를 가르치는 사람은 먼저 인간으로서 영어 학습자를 먼저 생각할 수 있어야 한다. 요즘 흔한 말로 수요자 중심 또는 학습자 중심의 영어 교수 · 학습이 이루어지려면 어떻게 해야 할 것인가? 그러니까 우리들의 영어 교수 · 학습의 밑바탕에 휴머니즘(humanism)이 있지 않으면 인간의 삶에 대한 후회는 뒤따르게 마련이다. 사람을 소중하게 생각하고, 영어 학습자가 먼저라는 생각에서 영어교육은 출발해야 한다. 그렇게 된다면 영어교육 현장은 엄청난 변화를 가져오게 될 것이다. 따라서 영어교수 · 학습이 인간을 먼저 생각하는 영어교육이 되어야 하고, 그러기 위해서 영어 학습자의 삶에 순기능 역할을 할 수 있도록 하고 긍정적인 도움을 주고 영향을 끼칠 수 있도록 해야 한다.

영어교육과 관련된 수많은 논문들이 우리나라 영어교육 현장을 보다 더 나은 방향으로 나아갈 수 있도록 얼마나 기여하는지에 대한 비판적 성찰도 우리에게 필요할 것이다. 혹시 우리나라 영어 교육은 정치적인 힘의 논리에 이끌려온 것은 아닌지에 대한 진지한 반성도 해 볼 필요가 있을 것이다. 그리고 우리나라에서는 영어가 제 이 언어가 아닌 외국어로서의 영어를 왜 공부해야 하는가라는 근본적인 물음부터 던지지 않을 수 없다. 영어가 먼저가 아닌 사람이 먼저라는 생각에서 영어 가르침은 시작되어야 한다. 그렇게 하려면 영어의 교수 · 학습의 목표에 대한 비판적 성찰이 있어야 하고, 영어를 가르치는 방법과 목적이 많이 달라져야 할 것이다.

지금까지 우리는 여러 가지 문법 항목에 관해 무비판적으로 받아들이고 있는 것들이 알쏭달쏭하다고 할 수도 있고, 무감각하다고 할 수도 있고, 그냥 문법 항목의 차이점이 어디에 있는지 모를 수도 있다는 생각이 든다. 이 책에서는 우리들에게 어쩌면 무감각하게 지나쳐 버렸거나 지나치고 있는 문법 항목들을 보다 더 심층적으로 들여다보면서 설명을 하고 있다. 그러니까 각 장의 처음에 관련된 문법 항목의 기본 개념을 제시하면서 미묘한 뜻의 차이와 쓰임새의 차이를 나타내는 영문법 항목을 제시하고 있다. 영어를 가르치는 사람이나 영어 학습자가 조금만 더 생각해 보면 궁금하게 생각되는 문법 항목들에 대한 관심과 호기심에서 비롯되었다.

일단 문법 항목은 기본적으로 우리나라에서 같다고 학습 현장에서 설명하는 영어 표현들이 사실상 같지 않은 경우나 자주 쓰이면서 그 다양성을 이해하지 못하고 있는 영어 쓰임새의 현장을 보다 더 깊이 들여다 보았다. 그 현장에 들어가 보면 정말 묘한 느낌이 들게 될 것이다. 각 항목과 관련된 내용을 먼저 간단히 제시하고 제시된 항목들에 대한 구체적인 설명을 하고 그 예들을 들고 있다. 이 책이 우리들에게 외국어로서의 영어에 대한 올바른 감각을 일깨우고, 보다 더 정확하고 제대로 된 영어 이해와 표현을 하는데 도움이 될 수 있는 출발점이 된다면 일차적인 목표는 달성된 셈이다. 또한 영어를 가르치는 사람들의 겸손이 곁들여 진다면 영어 교육과 학습 현장에서 인간적인 향기는 피어오를 것이다.

일러두기 이 책에 쓰인 sb는 어떤 사람의 뜻으로 somebody의 줄인 글이고, sth는 무엇의 뜻으로 something의 줄인 글이다. (영)이나 (英)은 영국영어란 표시이고, (미)나 (美)는 미국영어란 표시이다.

차례

PART 1

동사

1 apologize to sb와 apologize (to sb) for (doing) sth의 쓰임새

2 arrive/arrival at와 arrive/arrival in의 쓰임새

3 catch up의 쓰임새

4 expand, increase와 improve의 차이

5 get 동사의 쓰임새

6 hire와 rent 차이

7 inhabit과 occupy의 차이

8 look과 see의 차이

9 spend의 쓰임새

10 suggest의 쓰임새

11 wait와 expect의 차이

1 apologize to sb와 apologize (to sb) for (doing) sth의 쓰임새

apologize는 "사과하다"라는 뜻으로 주로 apologize (to sb) (for sth)의 형태로 쓰인다. '누군가 또는 어떤 대상에게 사과를 해야 하는 경우'에는 전치사 to를 사람 앞에 붙여 apologize to sb로 쓰고, '누군가에게 어떤 행위에 대해 사과를 해야 하는 경우에는 전치사 for를 행위 앞에 붙여 apologize (to sb) for (doing) sth로 쓴다.

〈apologize의 경우〉

Why should I apologize?

(왜 내가 사과해야 돼?)

Go and apologize to her.

(가서 그녀에게 사과해.)

Her eyebrows lifted. "Apologize? Why?"

(그녀의 눈썹이 치켜 올라갔다[그녀가 눈썹을 치켜 올리며 말했다]. "사과하라구? 왜?")

We apologize for the late departure of this flight.

(본 항공기의 출발 지연을 사과드립니다.)

You'd think he'd have the common courtesy to apologize.

(당신도 그가 사과를 하는 평범한 예의 정도는 갖추고 있으리라고 생각하실 거예요.)

I felt (that) I had to apologize.

Beth came around, this morning to apologize.

〈apologize to sb의 경우〉

* apologize to sb는 "~에게 사과하다"라는 뜻이다.

You don't have to apologize to him.
(그에게 사과할 것까지는 없다.)
How mortifying to have to apologize to him!
(그에게 사과를 해야 하다니 얼마나 굴욕스러운지!)
If I were you, I would go and apologize to her.
(내가 너라면 그녀에게 가서 사과할 텐데.)
He regretted the lost opportunity to apologize to her.
(그는 그녀에게 사과할 기회를 놓쳐 버린 것을 후회했다.)
It was galling to have to apologize to a man she hated.
(그녀가 싫어하는 남자에게 사과를 해야 한다는 것은 짜증스러운 일이었다.)
Why does the woman apologize to Donna?
The US has apologized to Britain for the accident that cost nine lives.

〈apologize (to sb) for (doing) sth의 경우〉

* apologize (to sb) for (doing) sth는 "~에 대해 사과를 하다"라는 뜻이다.

We apologize for the loss of vision.
(영상이 안 나오는 점에 대해 사과드립니다.)
We apologize for the late arrival of this train.
(이번 기차가 연착한 것에 대해 사과드립니다.)
We apologize for the delay in answering your letter.
(당신 편지에 답장이 늦어진 것을 사과드립니다.)

We apologize for any inconvenience this has caused you.
(이 일로 불편을 끼쳐 드렸으면 사과드립니다.)
We apologize for any embarrassment this may have caused.
(저희는 이 일 때문에 발생했을지 모르는 불편에 대해 사과드립니다.)
We would like to apologize for the delay.
I'd like to apologize for causing you so much trouble.

I apologize to you for my actions.
(내 행동에 대해 너에게 사과할 게.)
I have to apologize to you for being rude.
(무례했던 것에 대해 당신께 사과드립니다.)
I actually had to apologize to him for that.
(사실 나는 그것 때문에 그에게 사과해야 했다.)
He ought to apologize to her for his rudeness.
(그는 그녀에게 무례하게 행동한 것을 사과해야 한다.)
This is why I want to apologize to his family for what happened.
(이것이 내가 그의 가족들에게 그 일에 관해 사과하고 싶은 이유야.)
The mayor of Rouen wanted to apologize to New Zealand for that.
I need some time to apologize to Jane for being a little too interruptive to her.

◈ apologize의 명사는 apology이다. apology는 ① "사과"와 ② "(회의에 불참하거나 거기서 일찍 자리를 떠야 할 경우에 하는) 양해를 구하는 말"의 뜻으로 쓰인다.

①의 예

* 주로 apology (to sb) (for sth)로 쓰인다.

to offer/make/demand/accept an apology(사과를 하다/하다/요구하다/받아들이다)

I think we're owed an apology

(난 우리가 사과를 받아야 한다고 생각해.)

We received a letter of apology.

(우리는 사과 편지를 받았다.)

You owe him an apology for what you said.

(넌 네가 한 말에 대해 그에게 사과를 해야 해.)

He wrote a very formal letter of apology to Douglas.

(그는 더글라스에게 정중히 사과하는 편지를 썼다.)

We should like to offer our apologies for the delay to your flight today.

(오늘 여러분께서 타실 항공기가 연착된 것을 사과드리고 싶습니다.)

She marched over to me and demanded an apology.

Nancy wasn't sure what to make of Mick's apology.

②의 예

She mumbled an apologyand left.

(그녀는 웅얼거리듯 사과의 말을 하고 떠났다.)

The meeting started with apologies.

(그 회의는 불참자들의 사정을 전하는 것으로 시작되었다.)

She made her apologies and left early.

(그녀는 양해를 구하고 일찍 떠났다.)

I must preface my remarks with an apology.

(사과 말씀을 드리는 것으로 제 말을 시작해야 할 것 같습니다.)

He muttered a few words of apology and with that he left.

(그가 몇 마디 사과의 말을 중얼거리더니 그러고는 바로 떠났다.)

An apology was tagged onto the end of the letter.

The Opposition defence spokesman made the speech, gave apologies and left the Chamber.

▶ apology의 숙어로 make no apology/apologies for sth이 있다.

❇ make no apology/apologies for sth: make no apology/apologies for sth은 "사과할 생각 없다(고 말하다)"라는 뜻이다.

I make no apologies for thinking outside the box.

(내가 고정 관념을 벗어 난 사고를 하는 데 대해 사과하지 않는다.)

I can't argue with that but I make no apology for it either.

(난 그것 때문에 다투지 않을 수 있지만 그 것에 대해 사과할 생각도 없다.)

I make no apologies for bringing this issue to your attention once again.

(이 쟁점이 당신의 관심을 다시 한 번 불러일으킨 데 대해 사과할 생각이 없다.)

Union officials made no apologies for the threatened chaos.

2 arrive/arrival at와 arrive/arrival in의 쓰임새

arrive는 ① "(특히 여정 끝에) 도착하다", ② "(물건이) 배달되다, 도착하다"와 ③ "(어떤 순간이) 도래하다, 찾아오다"의 뜻으로 쓰인다.

그리고 arrive/arrival in은 '나라나 도시 등에 도착하는 경우'에 쓰이고, arrive/arrival at는 '건물, 역, 공항 등에 도착하는 경우'나 '어떤 시간에 이르는 경우'에 쓰인다.

〈arrive의 경우〉

①의 예

to arrive early/late for a meeting(회의에 일찍/늦게 도착하다)

The police arrived to arrest him.

(경찰이 그를 체포하러 왔다.)

She'll arrive in New York at noon.

(그녀는 정오에 뉴욕에 도착한다.)

I was pleased to hear you arrived home safely.

(네가 집에 무사히 도착했다는 소식을 내가 듣고 기뻤어.)

The train arrived at the station 20 minutes late.

(그 기차는 이십 분 늦게 역에 도착했다.)

We didn't arrive back at the hotel until very late.

(우리는 아주 늦어서여 호텔로 되돌아왔다.)

By the time I arrived on the scene, it was all over.

The Princess Royal arrived at Gatwick this morning from Jamaica.

②의 예

A letter arrived for you this morning.

(오늘 아침에 네 앞으로 편지가 한 통 왔어.)

The letter should arrive any day now.

(그 편지는 곧, 지금이라도 도착할 것이다.)

We waited an hour for our lunch to arrive.

(우리는 점심이 배달되기를 한 시간 동안 기다렸다.)

Send your application to arrive by 31 October.

(신청서가 시 월 삼십일 일까지 도착하도록 보내세요.)

The new product will arrive on supermarket shelves early next year.

(그 신상품은 내년 초면 슈퍼마켓 진열대에 등장할 것이다.)

Breakfast arrived while he was in the bathroom.

Any entry arriving after the closing date will not be considered.

③의 예

The baby arrived early.

(아기가 일찍 태어났다.)

The wedding day finally arrived.

(드디어 결혼식 날이 되었다.)

The baby arrived earlier than expected.

(아기는 예상보다 이르게 태어났다.)

Humans are designed to die when the time arrives.

(인간은 시간이 지나면 죽는다.)

Children often feel jealous when a new baby arrives.

(아이들은 집안에 새로 아기가 태어나면 흔히 시샘을 한다.)

The time has arrived when I need to give up smoking.
It's very unlikely that your baby will arrive before you get to hospital.

〈arrive at의 경우〉

At last, she arrived at the river.
(드디어 그녀는 강에 도착했다.)
We will soon arrive at the station.
(우리는 곧 역에 도착할 거예요.)
What time did he arrive at the house?
(그는 몇 시에 집에 도착했니?)
I think I should arrive at the airport by 5:30.
(나는 다섯 시 삼십 분까지 공항에 도착해야 한다.)
We didn't arrive back at the hotel until very late.
(우리는 아주 늦어서야 호텔로 되돌아왔다.)
He hanged himself two hours after arriving at a mental hospital.
Make sure you arrive at the airport with plenty of time to spare.

She will arrive at 9:30.
(그녀는 아홉 시 삼십 분에 도착할 거야.)
The train will arrive at 2:30 p.m.
(그 기차는 오후 두 시 삼십 분에 도착할 것이다.)
You must arrive at the time stated.
(당신은 반드시 명시된 시간에 도착해야 한다.)
She was to be here at 8.30 but she didn't arrive
(그녀는 여덟 시 삼십 분에 여기에 와야 했는데 도착하지 않았다.)

But this train is scheduled to arrive on time at 9. a.m.
(그러나 이 기차는 9시 정각에 도착하기로 되어 있잖아.)
I arrived at the end of April.
His flight arrives at eight thirty.

◈ <arrival at 의 경우>

He was dead on arrival at the nearby hospital.
(인근 병원에 도착했을 때 그는 이미 사망했었다.)
She was pronounced dead on arrival at the hospital.
(그녀는 병원에 도착하자마자 사망한 것으로 발표되었다.)
He seemed to be surprised at our arrival at this conclusion.
(그는 우리가 이런 결론에 도달한 것에 놀란 모양이었다.)
Shortly after my arrival at the school, I was befriended by an older girl.
(내가 그 학교에 간 지 얼마 안 돼서 나보다 나이 많은 누나[언니]가 친구가 되어 주었다.)
Travellers should phone the hotel upon arrival at the airport for free shuttle pick-up.
(호텔의 무료 셔틀 픽업 서비스를 이용하려면 공항 도착하자마자 호텔에 전화하여 요청해야 합니다.)
On its arrival at Greenock, officers from the local port authority inspected the ship and took water samples.
The spacewalk was the first scheduled for the two crewmen since their arrival at the space station in early April.

<arrive in의 경우>

She'll arrive in New York at noon.
(그녀는 정오에 뉴욕에 도착한다.)
What time will we arrive in Australia?
(우리는 호주에 몇 시에 도착할 건가요?)
I'm scheduled to arrive in LA at 5 o'clock.
(나는 5시에 로스앤젤레스에 도착할 예정이다.)
What time does the train arrive in Washington?
(그 기차는 워싱턴에는 몇 시에 도착합니까?)
Make sure you contact me as soon as you arrive in Seattle.
(시애틀에 도착하자마자 나에게 꼭 연락하세요.)
It would finally arrive in Germany.
I'll be arriving in Hong Kong in time for Chinese New Year.

◈ <arrival in의 경우>

On my arrival in Tokyo, I called on him.
(동경에 도착하자마자 그를 방문했다.)
How long will the flight s arrival in Paris be delayed?
(비행기의 파리 도착은 얼마나 지연될 것인가?)
However, he died only a week after his arrival in Korea.
(하지만 그는 한국에 도착한 지 일 주일 만에 숨을 거뒀다.)
The measures are implemented within three years of an immigrant's arrival in Finland.
(그 조치는 이민자가 핀란드에 도착한지 삼 년 이내에 시행된다.)
On October 9, people celebrate Leif Erikson's Day to honor his arrival in America.
(시 월 구 일, 사람들은 그의 미국 도착을 기리기 위해 라이프 에릭슨의 날을 기념합니다.)

Since his arrival in Italy, the Vatican has made no comment.

On his arrival in Miami to spend a well earned six weeks vacation.

Upon his arrival in Switzerland, he realized that he stood out even more than in Paris.

UK citizens (with right of abode in the UK) will be granted a free visit visa on arrival in the UAE.

◈ arrive의 숙어로 sb has arrived가 있다.

❆ sb has arrived : sb has arrived는 "~가 성공을 거두다[출세하다]"라는 뜻이다.

They felt they had really arrived when they made their first record.

(그들이 첫 음반을 만들었을 때 정말로 성공을 거두었다고 느꼈다.)

He knew he had arrived when he was shortlisted for the Booker prize.

(그는 자기가 부커상 최종 후보자 명단에 들었을 때 성공을 거두었음을 알았다.)

He felt he had truly arrived when he got his first part in a Broadway play.

(그가 브로드웨이 연극에서 첫 배역을 맡았을 때 진정으로 출세했다고 느꼈다.)

These are cars which show you've arrived and had a good time along the way.

◈ arrive의 구동사(phrasal verb)로 arrive at sth이 있다.

❄ arrive at sth : arrive at sth은 "(특히 논의 · 생각 끝에) ~에 이르다"(=reach)라는 뜻이다.

to arrive at an agreement/a decision/a conclusion(합의/결정/결론에 이르다), to arrive at the truth(진실에 이르다)

Finally, they arrived at a decision.

(그들은 마침내 결정을 내렸다.)

All arrived at the same conclusion.

(모두 같은 결론에 도달했다.)

It is, therefore, difficult to arrive at a solution.

(그러므로 그것은 해결 방안을 도출하기 어렵다.)

A compromise agreement was finally arrived at.

(비로소 타협안이 마련되었다.)

I would have no problem signing a long-term supply agreement once we arrive at an equitable arrangement.

(저희가 적당한 타협안에 이른다면 장기간의 공급 계약을 하는 것에도 아무런 문제가 없습니다.)

I can assure you that work is ongoing to arrive at this conclusion.

The couple used a mediator to arrive at a final divorce settlement.

◈ arrive의 명사는 arrival이다. arrival은 ① "도착", ② "도착한 사람[것]"과 ③ "도래, 도입"의 뜻으로 쓰인다.

①의 예

daily arrivals of refugees(매일 도착하는 난민들), the arrival of the mail in the morning(우편물의 오전 배달)

We apologize for the late arrival of the train.

(기차가 연착된 것을 사과드립니다.)

A ring at the doorbell announced Jack's arrival.

(초인종 소리가 잭의 도착을 알렸다.)

Rate will not be discounted at the time of arrival.

(요금은 도착 시간에 할인되지 않습니다.)

There are 120 arrivals and departures every day.

(매일 백이십 건의 도착과 출발이 이뤄진다.)

A computer screen shows arrival and departure times.

(컴퓨터 화면이 도착 시간과 출발 시간을 보여 준다.)

She timed her arrival for shortly after 3.

I learnt of her arrival from a close friend.

②의 예

early/late/new arrivals(일찍/늦게/새로 도착한 사람들[물건들]

He was the first arrival.

(그가 맨 먼저 당도했다.)

She had her hands full with new arrivals.

(그녀는 새로 사람들을 맞느라 매우 바빴다.)

He was among the early arrivals in the meeting.

(그는 회의에 일찍 온 사람들 가운데 한 사람이었다.)

We're expecting a new arrival in the family soon.

(곧 집안에 아기가 새로 태어날 것이다.)

The first arrivals at the concert got the best seats.

(음악회에 맨 먼저 도착하는 사람들이 제일 좋은 자리를 차지했다.)

I cannot find his name among the arrivals.

He was the most junior and most recent arrival at the embassy.

③의 예

the arrival of pay TV(유료 텔레비전 방송의 도입)

The arrival of death can be so comforting.

(죽음의 도래는 그렇게 위로가 될 수 있다.)

He is a recent arrival ignorant of the English language.

(그는 영어를 모르는 갓 온 사람이다.)

His allergy symptoms worsen with the arrival of summer.

(그의 알레르기 증상은 여름이 되면 심해진다.)

The arrival of canals was of great value to many industries.

(운하의 등장은 많은 산업들에 대단히 유용했다.)

The month of March has arrived, announcing the arrival of spring.

(봄의 도래를 알리며 삼 월이 왔다.)

The coronation broadcast marked the arrival of television.

He celebrated the arrival of the New Year with a bout of drinking that nearly killed him.

3 catch up의 쓰임새

동사 catch의 구동사(phrasal verb) 여러 가지 가운데 catch up on과 catch up with의 쓰임새는 혼동을 일으킬 수 있다. catch up on sth은 ① "(뒤떨어진 일을) 만회하다"와 ② "(소식 · 정보를) 알아내다"라는 뜻으로 쓰인다. catch up with sb/sth은 ① "(먼저 간 사람을) 따라잡다[따라가다]", ② "(정도나 수준이 앞선 것을) 따라잡다", ③ "(문제가) 결국 ~의 발목을 잡다"와 ④ "(경찰이나 당국이) 끝내 ~을[를] 찾아 처벌하다"라는 뜻으로 쓰인다.

catch up on sth은 '예전에 했어야 할 일을 지금 하게 되는' 경우에 주로 쓰인다. catch up with sb/sth은 '…을[를] 따라잡거나 …와 대등해지는'(=draw level with) 경우에 주로 쓰인다.

<catch up on의 경우>

①의 예

I have a lot of work to catch up on.

(나는 만회해야 할 일이 많다.)

I was catching up on a bit of reading.

(나는 밀린 독서 좀 하고 있었어.)

I have to catch up on my sleep tonight.

(난 오늘 밤에는 밀린 잠을 자야겠다.)

Lying on a beach is a great chance to catch up on reading.

(해변에 누워 있는 것은 독서를 만회할 좋은 기회이다.)

Two days a week are set aside to catch up on our paperwork.

(일주일에 이틀은 서류 업무를 마무리하는 날로 떼어놨어요.)

I never caught up on all the reading.

He caught up on months of unread periodicals.

②의 예

I want to catch up on all your news.

(나는 당신의 모든 소식을 주고받고 싶다.)

We spent hours catching up on all the news.

(우리는 모든 소식들을 주고받으면 시간을 보냈다.)

We spent the evening catching up on each other's news.

(우리는 서로 그동안의 소식을 주고받으며 그날 저녁을 보냈다.)

We talked ourselves hoarse, catching up on all the news.

(우리는 모든 밀린 소식들을 주고받으며 목이 쉬도록 수다를 떨었다.)

The ladies spent some time catching up on each other's health and families.

(그 여인들은 서로의 건강과 가족에 대해 그간 밀린 이야기를 나누며 시간을 좀 보냈다.)

Later I'll call my mother and catch up on her news.

When I found the friends I was looking for, it took the whole day to catch up on old news.

〈catch up with 의 경우〉

①의 예

Go on ahead. I'll catch up with you.

(먼저 가. 곧 따라갈게.)

I stirred my stumps to catch up with her.

(나는 그녀를 따라잡기 위해 발걸음을 서둘렀다.)

He stopped and let her catch up with him.

(그는 멈춰 서서 그녀가 따라 올 때까지 기다렸다.)

He quickened his pace to catch up with them.

(그는 그들을 따라잡기 위해 걸음을 빨리 했다.)

I walked too fast for him to catch up with me.
(내가 너무 빨리 걸어서 그가 좇아오지 못했다.)
We'll catch up with you guys later, all right?
Let's stop here for a few minutes so that the others can catch up with us.

* 이런 뜻을 갖고 있는 다음과 같은 글도 있다.

I'll catch you up.
(나중에 널 따라갈게.)
Go on in front. I'll soon catch up.
(내가 곧 뒤따라 갈테니 앞서 가세요.)
I'll look around and catch up later.
(내가 좀 둘러보고 나중에 따라갈게.)
I stopped and waited for her to catch up.
(나는 멈춰 서서 그녀가 따라오기를 기다렸다.)
She paused on the trail to allow her sister to catch up.
(그녀는 동생이 따라올 수 있도록 오솔길에서 잠시 걸음을 멈추었다.)
You go on, I will catch you up.
You go on ahead—I'll catch you up in a few minutes.

②의 예

I plan to catch up with him in at least three months.
(난 적어도 삼 개월 내에 그 분을 따라 잡을 계획입니다.)
I'm still trying to catch up with the school schedule.
(나는 여전히 학교 스케줄을 따라잡기 위해 노력 중이야.)

Most late developers will catch up with their friends.
(발육이 늦은 아이들 대부분이 친구들을 따라잡을 것이다.)
That way, they will be able to catch up with missed classes.
(그런 식으로 그들은 놓친 수업을 따라잡을 수 있을 것이다.)
After missing a term through illness he had to work hard to catch up with the others.
(아파서 한 학기를 놓친 그는 다른 학생들을 따라잡기 위해 열심히 공부를 해야 했다.)
I thought I could catch up with the payments.
No one can possibly catch up with his brilliant achievement.

③의 예

History will catch up with you.
(역사가 당신의 발목을 잡을 것이다.)
As usual, time is catching up with me.
(늘 그렇듯, 시간은 나의 발목을 잡는다.)
Your crimes have finally caught up with you.
(당신의 범행이 결국 당신의 발목을 잡았다.)
But age, it seems, has finally caught up with me.
(그러나 나이가 나의 발목을 잡을 것이다.)
She was terrified that one day her past problems would catch up with her.
(그녀는 언젠가는 자신의 과거 문제들이 결국 자기 발목을 잡게 될 거라고 두려워했다.)
Justice has finally caught up with you.
His sins finally caught up with him, and he reaped the whirlwind.

④의 예

The police finally caught up with him.

(그는 경찰에 꼬리를 밟히고 말았다.)

The law caught up with him yesterday.

(어제 그는 법의 심판을 받았다.)

FBI spun the drum to catch up with the murder.

(미국 연방 수사국은 살인자를 잡기 위해 가택 수색을 하였다.)

Police finally caught up with him at about 7 a.m.

(경찰은 결국 오전 일곱 시 쯤 그를 찾아내어 처벌했다.)

The law caught up with him years later when he had moved to Spain.

(그가 스페인으로 이주를 한 지 수년 뒤 법[사법 당국]이 끝내 그를 찾아내어 처벌했다.)

Officers caught up with 34-year-old Christopher Gay in Florida on Monday.

Police caught up with the boy after some city workers and other residents spotted the erratic driver and called 911.

4 expand, increase와 improve의 차이

expand는 "확대[확장/팽창]되다, 확대[확장/팽창]시키다"라는 뜻으로 쓰인다. increase는 "(양·수·가격 등이) 증가하다, 인상되다, 늘다, 증가[인상]시키다"라는 뜻으로 쓰인다. improve는 "개선되다, 나아지다, 개선하다, 향상시키다"라는 뜻으로 쓰인다.

expand 는 '크기, 영역, 활동에 있어서 커지거나 어떤 것을 커지도록 하는' 경우에 쓰인다. increase 는 '양, 수, 가격이나 정도에 있어서 더 커지거나 어떤 것을 커지도록 하는' 경우에 쓰인다. improve 는 '더 좋아지거나 어떤 것을 나아지도록 하는' 경우에 쓰인다.

<expand 의 경우>

The waist expands to fit all sizes.
((그 옷의) 허리는 어떤 치수에나 맞도록 늘어난다.)
Metals expand when they are heated.
(금속은 열을 받으면 팽창한다.)
Student numbers are expanding rapidly.
(학생 수가 급속히 팽창하고 있다.)
A child's vocabulary expands through reading.
(아동의 어휘력은 독서를 통해 확장된다.)
There are no plans to expand the local airport.
(지역 공항을 확장할 계획은 없다.)
The school has been refused permission to expand.
(그 학교는 확장 허가를 받지 못했다.)
The new system expands the role of family doctors.
(그 새 제도는 가족 주치의의 역할을 확대시켰다.)

In breathing the chest muscles expand the rib cage and allow air to be sucked into the lungs.
(호흡을 하면 가슴 근육이 새장 같은 갈비뼈를 확장시켜 공기가 허파 내로 흡수되게 된다.)
Engineers noticed that the pipes were not expanding as expected.
The money supply expanded by 14.6 per cent in the year to September.
Within three years this small business had expanded into a chain of department stores.

◈ expand가 동사로 "확대[확장/팽창]되다, 확대[확장/팽창]시키다"라는 뜻이 외에 ①"(사업이[을] 확장되다[시키다])"와 ② "말을 덧붙이다[더 상세히 하다]"라는 뜻으로도 쓰인다.

①의 예

an expanding economy(신장되고 있는 경제)
He was trying to expand his business.
(그는 사업을 확장하려 하고 있었다.)
We've been given the nod to expand the business.
(우리는 사업 확장 허락을 받았다.)
We've expanded the business by opening two more stores.
(우리는 점포를 두 개 더 열어 사업을 확장했다.)
The attempt to expand the business was a catastrophe for the firm.
(그 사업 확장 시도가 그 회사에는 재앙이 되었다.)

For businesses, they need to aggressively expand in the Chinese domestic market.
(기업들은 중국 내수 시장으로 공격적으로 경영을 확장할 필요가 있다.)
The popular ceramics industry expanded towards the middle of the 19 century.
The interest rate's coming down. I'll be able to expand or stay in business.

②의 예

I would like you to expand on it a little.
(나는 그것에 대해 좀 더 상세히 말하고 싶다.)
Could you expand on that point, please?
(그 사항에 대해 좀 더 자세히 말씀해 주시겠어요?)
He did not expand greatly on his statement.
(그는 자기의 그전 말을 그다지 부연하지 않았다.)
It was just a passing comment, he didn't expand.
(그것은 그저 지나가는 말이었고, 그가 그것에 대해 계속 이야기하지는 않았다.)
I repeated the question and waited for her to expand.
(나는 같은 질문을 다시 하고 그녀가 더 상세한 말을 해 주기를 기다렸다.)
He didn't expand on why he made the decision.
Perhaps I did not get the opportunity to expand on what I said.

◈ expand가 구동사(phrasal verb)로 expand on/upon sth이 있다.

▶ expand on/upon sth: expand on/upon sth은 "~에 대해 상세히[자세히] 말하다"라는 뜻이다.

Can you expand on that idea?

(당신은 저 아이디어에 대해 좀 더 상세히 말씀해 주시겠어요?)

I will expand on this topic later.

(내가 이 주제에 대해서 다음에 좀 더 자세히 말해줄 게.)

Could you expand on that a bit more?

(좀 더 자세히 설명해 주시겠어요?)

Members will expand on these themes.

(구성원들은 이런 주제들에 대해 좀 더 상세히 말할 것이다.)

I am not sure it is necessary to expand on that.

(나는 그것에 대해 더 상세히 말할 필요가 없다고 생각해.)

Could you please expand on that?

The president used today's speech to expand on remarks he made last month.

◈ '질병, 화재, 전쟁, 사회 문제, 감정 등에 관해 이야기를 할 때' expand를 쓰지 않고 spread((사람들 사이로) 퍼지다[확산되다], 퍼뜨리다, 확산시키다, (더 넓은 범위로) 번지다[번지게 하다])를 쓴다. 그리고 '뉴스, 정보, 사상 등에 관해 이야기를 할 때'도 expand를 쓰지 않고 spread를 쓴다.

to spread rumors/lies about sb(…에 대한 소문/거짓말을 퍼뜨리다)

The disease spreads easily.

(그 질병은 쉽게 확산된다.)

The disease is spread by mosquitoes.

(그 질병은 모기에 의해 확산[전염]된다.)

Water began to spread across the floor.
(물이 바닥 위로 번지기 시작했다.)
Using too much water could spread the stain.
(물을 너무 많이 쓰면 얼룩이 번질 수가 있다.)
The fire rapidly spread to adjoining buildings.
(그 불이 인접한 건물들로 급속히 번졌다.)
Use of computers spread rapidly during that period.
(컴퓨터 사용이 그 기간 중에 급속히 확산되었다.)
Within weeks, his confidence had spread throughout the team.
(몇 주 이내에 그의 자신감이 팀 전체로 퍼져 있었다.)
Prompt action was required as the fire spread.
The army was called in to stop the riots from spreading.
Dissatisfaction with the present government seems to be spreading.
People lie and spread rumors about me.
(사람들은 나에 대해 거짓말을 해대고 유언비어를 퍼트린다.)
A discreet person does not spread rumor.
(분별 있는 사람은 풍문을 퍼뜨리지 않는다.)
They also spread rumors about certain players.
(그들은 또한 어떤 게임 참가자들에 대하여 소문을 퍼뜨렸다.)
I hope you haven't been spreading rumours.
The news spread by word of mouth.
(그 소식은 사람들의 입에서 입으로 전해졌다.)
The news spread quickly through the town.
(그 소식은 마을에 금새 퍼졌다.)
The incorrect news spread around the world in real time.
(그 부정확한 뉴스는 실시간으로 세계에 퍼졌다.)
Within hours the news of the bank's collapse had spread all over the world.

▶ spread는 동사로 "(사람들 사이로) 퍼지다[확산되다], 퍼뜨리다, 확산시키다, (더 넓은 범위로) 번지다[번지게 하다]"라는 뜻 이 외에 ① "(잘 보이도록) 펼치다 [펴다]", ② "(팔 · 다리 · 손가락 등을) 벌리다[펴다/뻗다]", ③ "(여러 장소로) 퍼뜨리다", ④ "(넓은 범위에 걸쳐) 펼쳐지다", ⑤ "(버터 등을[이] 얇게 펴서) 바르다[발라지다]"와 ⑥ "(여러 번, 여러 사람 몫으로) 나누다[분산하다]" 등으로 다양하게 쓰인다.

①의 예

Sue spread the map out on the floor.
(수가 지도를 바닥에다 펼쳤다.)
Papers had been spread out on the desk.
(서류들이 책상 위에 펼쳐져 있었다.)
Wait a second. Let me spread out some newspapers first.
(먼저 신문지 몇 장을 깔 테니까 잠깐 기다려.)
She spread a towel on the sand and lay on it.

②의 예

There's more room to spread out in first class.
(일등석을 타면 몸을 뻗을 공간이 더 많다.)
Spread your legs and lift up your arms to the side.
(당신의 다리를 벌리고 양팔을 드세요.)
She spread her arms and the child ran towards her.
(그녀가 두 팔을 벌리자 그 아이가 그녀에게로 달려갔다.)
He stepped back and spread his hands wide. "You are most welcome to our home."

③의 예

Water began to spread across the floor.

(물이 바닥 위로 번지기 시작했다.)

Seeds and pollen are spread by the wind.

(씨앗과 꽃가루는 바람을 타고 퍼진다.)

We have 10,000 members spread all over the country.

(우리에게는 전국적으로 분포된 만 명의 회원이 있다.)

I don't want to spread my germs around the office.

④의 예

The valley spread out beneath us.

(계곡이 우리 아래로 죽 펼쳐져 있었다.)

The Kurds are spread out across five nations.

(쿠르드족은 다섯 개 국가에 걸쳐 널리 퍼져 있다.)

The city was spread out beneath us in all its glory.

(그 도시는 우리 아래에 눈부시게 아름다운 모습으로 펼쳐져 있었다.)

She gazed down in wonder at the city spread below her.

⑤의 예

pieces of toast spread with butter(버터를 바른 토스트 조각들), to spread butter on piece of toast(토스트 조각에 버터를 바르다)

Spread it all over the body.

(그것을 온 몸에 바르도록 하라.)

She spread peanut butter on the toast.

(그녀는 토스트에 땅콩버터를 발랐다.)

If paint is too thick, it will not spread evenly.

(페인트가 너무 걸쭉하면 고르게 발라지지 않는다.)

A thick layer of wax was spread over the surface.

⑥의 예

Modern backpacks spread the load over a wider area.
(현대식 배낭은 짐의 무게를 널리 분산시킨다.)
A series of five interviews will be spread over two days.
(다섯 번의 인터뷰로 된 시리즈가 이틀에 걸쳐 나눠 방송된다.)
We attempted to spread the workload between the departments.
(우리는 업무량을 부서 간에 분산시키려고 시도를 했다.)
Why not pay monthly and spread the cost of your car insurance?

▶ spread의 구동사(phrasal verb)는 spread out/spread oneself out가 있다. 이것은 ① "몸을 뻗다, 넓은 공간을 쓰다[차지하다]"와 ② "(집단에서) 떨어져 나가다, 더 널리 퍼지다"의 뜻으로 쓰인다.

①의 예

There's more room to spread out in first class.
(일등석을 타면 몸을 뻗을 공간이 더 많다.)
My family's spread out all over the place these days.
(우리 가족들은 지금 전국에 흩어져 살고 있어요.)
Do you have to spread yourself out all over the sofa?
(너 소파를 그렇게 온통 독차지해야겠니?)
A crude oil slick quickly spreads out over water.

②의 예

The searchers spread out to cover the area faster.

(수색자들은 그 지역을 더 빨리 훑어보기 위해 더 넓게 흩어졌다.)

They used our network to spread out to the whole world.

(그들은 우리의 네트워크를 이용해서 전 세계로 퍼져나갔다.)

If small groups could land anywhere, we should spread out.

(작은 무리들은 여기저기 착륙할 수 있을 테니 모두들 흩어져 있는 게 좋겠습니다.)

Felix watched his men move like soldiers, spreading out into two teams.

▶ spread는 명사로 ① "확산, 전파", ② "다양성, 폭넓음", ③ "스프레드(빵에 발라먹는 식품)", ④ "지역, 위치", ⑤ "(옆으로 펼쳐진) 길이, (포괄) 범위", ⑥ "(신문·잡지의) 양면[펼침] 기사[광고]", ⑦ "진수성찬", ⑧ "(넓게 펼쳐진) 땅[바다]"라는 뜻과 같이 다양하게 쓰인다.

①의 예

the spread of a city into the surrounding areas(인근 지역들로의 도시 확산), to encourage the spread of information(정보의 확산[전파]를 장려하다), to prevent the spread of disease(병의 확산을 막다)

Tamiflu slows the spread of the flu virus.

(타미플루는 신종 플루 바이러스의 확산을 둔화시킨다.)

We hope to slow the spread of the disease.

(우리는 그 질병의 확산을 둔화시키게 되기를 바라고 있습니다.)

They took active steps to prevent the spread of the disease.

(그들은 그 질병의 확산을 방지하기 위해 적극적인 조치를 취했다.)

Amazingly, we also need to control numbers to prevent the spread of disease.

②의 예

a broad spread of opinions(대단히 다양한 의견)

The various dealers' prices show a wide spread.

(다양한 딜러[중개인]의 가격이 다양하게 폭이 넓음을 보여준다.)

We have an enormous spread of industries, mainly in the Home Counties and East Anglia.

(우리는 주로 영국 런던 주변의 여러 주와 이스트 안그리아에 굉장히 다양한 산업을 갖고 있다.)

A topic-based approach can be both hard to assess in primary schools with a typical spread of ability.

(주제 기반 접근법은 전형적인 다양한 능력이 있는 초등학교에서 평가하기에 어려울 수 있다.)

She is passionate about publishing a broad spread of opinions and providing a space for discussion, but is less keen on anonymity.

③의 예

Use a low-fat spread instead of butter.

(버터 대신에 저지방 스프레드를 이용하라.)

Stir until process cheese spread is melted.

(치즈 스프레드가 녹는 과정까지 저어라.)

She ate two slices of toast spread with honey.

(그녀는 꿀을 바른 토스트 두 조각을 먹었다.)

There's bread and various spreads for tea.

④의 예

The company has a good geographical spread of hotels in this country.

(그 기업은 이 나라에서 지리적으로 좋은 위치들에 호텔을 두고 있다.)

⑤의 예

The bird's wings have a spread of nearly a metre.

(그 새의 날개는 (펼쳤을 때의) 길이가 거의 일 미터이다.)

Gionzakura has a spread of more than thirty yards.

(기원벚꽃의 (가지의) 넓이는 삼십 야드 이상이 된다.)

The spread of replies has been between 5% and 20%.

(응답 범위는 오 퍼센트와 이십 퍼센트 사이였다.)

The roots usually extend horizontally beyond the spread of the branches.

⑥의 예

There's a double-page spread on the latest fashions.

(최신 패션에 대한 두 페이지짜리 펼침 기사가 있다.)

There was a double-page spread of a dinner for 46 people.

(두 페이지에 걸쳐 사십육 명의 만찬을 담은 사진이 나와 있었다.)

The story continued with a double-page spread on the inside pages.

(그 기사는 안쪽 페이지에서 두 페이지짜리 펼침 기사로 계속 이어졌다.)

The paper is running a double-page spread featuring photos of the wedding.

⑦의 예

What a spread !

(완전 진수성찬이군요!)

He served no end of a spread.

(그는 성찬을 베풀었다.)

They had laid on a huge spread for the party.

(그들은 그 파티를 위해 거창하게 진수성찬을 차려놓고 있었다.)

You’ve put out quite a spread.

⑧의 예

a vast spread of water(광대하게 펼쳐진 바다)

There’s a vast spread of land.

(광대하게 펼쳐진 토지가 있다.)

He has a 1,000 acre spread in Texas.

(그는 텍사스에 천 에이커의 땅을 갖고 있다.)

They have a huge spread in California.

(그들은 캘리포니아에 거대한 농장을 갖고 있다.)

The sunsets in the distance falling slowly behind the vast spread of water and already high in the sky the moon begins it’s over watch.

▶ spread의 숙어로 spread like wildfire, spread one’s net, spread the word와 spread oneself too thin 등이 있다.

❄ spread like wildfire : spread like wildfire는 “(소식 등이) 삽시간에 퍼지다”라는 뜻이다.

The news spread like wildfire all over the village.

(소문은 순식간에 온 동네에 퍼졌다.)

John told a joke that was so funny it spread like wildfire.
(존은 너무나 우스운 농담을 해서 그 농담이 순식간에 퍼져 나갔다.)
These stories are spreading like wildfire through the city.
(이 이야기들은 삽시간에 온 도시에 퍼지고 있다.)
Misinformation about vaccines being linked to autism has spread like wildfire.

❉ spread one's net: spread one's net는 "(특히 무엇을 찾기 위해) 여러 가능성을 고려하다[널리 살피다]"라는 뜻이다.
He has spread his net far and wide.
(그는 아주 폭넓게 살펴 왔다.)
They have spread their net far and wide in the search for a new team coach.
(그들은 팀의 새 코치를 찾기 위해 아주 폭넓게 살펴 왔다.)
So we have to spread our net a lot wider and look for players all around the world.
(그래서 우리는 여러 가능성을 훨씬 더 폭넓게 고려해야 한다. 전 세계적으로 선수들을 찾아야 한다.)
Unless we spread our net a bit wider, this company will never get enough business.

❉ spread the word: spread the word는 "말을 퍼뜨리다"라는 뜻이다.
Just trying to spread the word.
(그냥 그 말을 퍼뜨리려 노력중이야.)
If you do like the movie, please spread the word.
(만약 당신이 영화를 좋아하면 소문 내주세요.)

Messengers had to walk miles and miles to spread the word.
(전달자들은 이 소식을 퍼뜨리기 위해 몇 마일이고 걸어야 했어요.)
Of course, we will need full information to continue to spread the word.

❄ spread oneself too thin: spread oneself too thin는 "한꺼번에 너무 여러 가지 일을 하려다가 어느 하나도 제대로 못하다"라는 뜻이다.
I'm afraid I've spread myself too thin.
(내가 어째 일을 너무 벌여 버린 것 같다.)
He's been spreading himself too thin lately.
(그는 요즘 한꺼번에 이것저것 손대고 있다.)
John's president fired him because John spread himself too thin.
(존이 일을 너무 벌여서 어느 하나도 제대로 못해서 존의 사장은 그를 해고시켰다.)
It's good idea to get involved in a lot of activities, but don't spread yourself too thin.

〈increase의 경우〉

increasing levels of carbon dioxide in the earth's atmosphere(증가하는 지구 대기 중 이산화탄소 농도)
Oil increased in price.
(기름 가격이 올랐다.)
The price of oil increased.
(유가가 인상되었다[올랐다].)
Disability increases with age.
(나이가 들수록 신체적인 장애는 늘어난다.)

We need to increase productivity.

(우리는 생산성을 늘려야 한다.)

They've increased the price by 50%.

(그들이 가격을 오십 퍼센트 인상했다.)

The rate of inflation increased by 2%.

(인플레이션율이 이 퍼센트 증가했다.)

The population has increased from 1.2 million to 1.8 million.

(인구가 백이십만 명에서 백팔십만 명으로 증가했다.)

The number of words in the language is increasing all the time.

Sales of new cars increased from 1.2 million in 1993 to 1.8 million in 1994.

By the year 2020 the government aims to increase the number of secondary schools by 50%.

◈ increase는 동사 이 외에 명사로 "(양 · 수 · 가치 등의) 증가[인상]"이란 뜻으로도 쓰인다.

a significant/substantial increase in sales(의미 있는/실질적인 매출 증가), an increase in spending(지출 증가), an increase of nearly 20%(근 이십 퍼센트의 증가[인상]), an increase of 2p in the pound on income tax(파운드당 이 펜스의 소득세 인상), price/tax/wage increase(가격/세금/임금 인상)

Homelessness is on the increase.

(노숙자가 증가하고 있다.)

Whatever you do, don't ask for a pay increase.

(어쨌든 간에, 임금 인상은 생각하지 마세요.)

If costs go up, there will be a pro rata increase in prices.

(비용이 증가하면 그에 비례하는 가격 인상이 있게 된다.)

The increase is likely to hit the pocketbooks of consumers.

(그 인상이 소비자들의 경제 사정에 타격을 줄 것 같다.)

There has been a slight increase in the consumption of meat.

(육류 소비량이 소폭 증가했다.)

This sort of increase simply cannot be justified.

A stimulant produces a temporary increase in energy.

▶ 어떤 것의 수준이나 기준에 관해 이야기를 할 때는 increase를 쓰지 않고, raise/rise 을 쓴다.

Raise the Severity Level of the problem.

(문제의 심각도 수준을 올립니다.)

How can we raise standards in schools?

(우리가 어떻게 학교의 수준을 높일 것인가?)

Only then will Korea raise its status in the world.

(그렇게 해야만 세계에서의 한국의 위상이 높아질 것이다.)

Expanding the canal will raise the water level.

This causes the temperature to rise .

(이것은 기온 상승의 원인이 된다.)

The river has risen (by) several metres.

(강물 수위가 몇 미터 올라왔다[강물이 몇 미터 불어났다].)

As gas prices continue to rise, Americans' patience drops.

(유가가 계속 치솟음에 따라, 미국인들의 인내심은 바닥으로 떨어지고 있다.)

The standard of living continues to rise.

〈improve 의 경우〉

I need to improve my French.

(나는 내 프랑스어 실력을 향상시켜야 한다.)

There is some hope that things will improve.

(사정이 나아질 희망이 약간 있다.)

The doctor says she should continue to improve.

(그녀가 계속 좋아질 것이라고 의사가 말한다.)

Everyone can greatly improve the quality of life.

(모든 사람이 삶의 질을 크게 향상시킬 수 있다.)

The company is trying to improve customer satisfaction.

(그[본] 회사에서는 고객 만족을 개선하려고 애쓰고 있다.)

The company needs to improve performance in all these areas.

(회사는 이 모든 분야에서 실적을 개선할 필요가 있다.)

His quality of life has improved dramatically since the operation.

(수술 후에 그의 삶의 질이 극적으로 개선되었다.)

The company needs to improve its competitive edge.

As soon as relations improve they will be allowed to go.

Efforts are being made to improve the quality of the medical services.

◈ improve의 구동사로 improve on/upon sth이 있다.

▶ improve on/upon sth : improve on/upon sth은 "~보다 나은 결과[실적]를 내다, ~을[를] 더 낫게 하다"라는 뜻이다.

We're trying to improve on search engines.

(우리는 검색 엔진을 향상시키려고 노력하고 있다.)

We've certainly improved on last year's figures.

(우리는 분명히 작년 수치보다 나은 실적을 냈습니다.)

You will have to improve on your quality control.

(품질 관리 방식을 개선하셔야겠습니다.)

It uses technology to improve on the current highway.

(그것은 현재의 고속도로 상황을 개선하기 위해 과학기술을 이용한다.)

We need to improve on our performance against Nabisco.

(우리는 나비스코 전에서 보인 성적을 개선할 필요가 있다.)

They still haven't improved on our model.

The second one improved on the first in a lot of ways.

It can hardly be improved upon.

(그것은 개선의 여지가 없다.)

I am sure it can be improved upon.

(나는 이것이 보다 나은 결과를 낼 것을 확신한다.)

How might the plans be improved upon?

(그 계획을 어떻게 개선할 수가 있을까요?)

In any case, I am sure that they could be improved upon with the lapse of time.

(어떤 경우에도, 나는 그들이 시간이 지나감에 따라 나아질 수 있음을 확신한다.)

He built his first windmill when he was only 14 and has improved upon it many times since.

(그는 열네 살에 처음 풍차를 만들었고 그 때부터 여러 번 발전시켜 왔다.)

Plans must be tested and improved upon.

He is constantly improving upon everything he does.

5 get 동사의 쓰임새

get은 영어에서 가장 많이 쓰이는 낱말 가운데 하나이다. get 동사는 자주 쓰이는 동사(common verb)로서 다양하게 쓰인다. get 동사는 ① "받다", ② "얻다, 구하다, 마련하다", ③ "(무엇을 팔고 돈을) 받다[보다]", ④ "(어디에 가서) 가져[데려/불러] 오다"(=fetch), ⑤ "(처벌을) 받다", ⑥ "(방송을) 수신하다", ⑦ "(신문 · 잡지 등을 정기적으로) 받다[보다]"(=take), ⑧ "(성적을) 받다", ⑨ "(병에) 걸리다[옮다], (고통 등을) 겪다[앓다]", ⑩ "(전화로) 연결되다", ⑪ "(어떤 상태가) 되다[되게 하다]", ⑫"…하게[…가] 되다", ⑬ "(…에게 ~을[를] 하게) 만들다[설득하다]", ⑭ "(무엇이 이루어지게) 하다", ⑮ "(~을[를] 하기) 시작하다", ⑯ "기회를 갖다", ⑰ "(장소 · 위치에) 도착하다[이르다]", ⑱ "(때때로 힘들게) 가다[이동하다], 가게[이동하게] 하다", ⑲"(할 것을) 타다[이용하다]", ⑳ "(식사를) 준비하다", ㉑ "(전화를) 받다, (노크 소리 등을 듣고) 문에 나가 보다", ㉒ "(특히 해를 가하거나 벌을 주기 위해 사람을) 잡다", ㉓ "(총알 등이) 맞다[치다]", ㉔ "이해하다", ㉕ "있다, 발생하다", ㉖ "어리둥절하게 만들다"(=puzzle)와 ㉗ "짜증나게 만들다" 등 다양한 뜻으로 쓰인다. 이 가운데 ①, ⑪, ⑬과 ⑰의 경우가 자주 쓰인다.

①의 예

I got a shock when I saw the bill.

(나는 그 계산서를 보고 충격을 받았다.)

This room gets very little sunshine.

(이 방에는 햇빛이 거의 안 든다.)

I got a letter from Dave this morning.

(내가 오늘 아침 데이브에게서 온 편지를 한 통 받았다.)

What did you get for your birthday?

②의 예

Try to get some sleep.

(잠을 좀 자도록 해 봐.)

Why don't you get yourself a car?

(차를 한 대 마련하시지 그러세요?)

Did you manage to get tickets for the concert?

(그 콘서트 표는 어떻게 마련하셨나요?)

Where did you get that skirt?

③의 예

How much did you get for your car?

(차 값으로 얼마를 받으셨어요?)

He can't get a good price for his crops.

(그는 그의 수확량에 대해 좋은 가격을 받을 수 없다.)

How much can you get for a house this size?

(이 정도의 크기의 집값으로 얼마를 받을 수 있나요?)

How much did he get for his car?

④의 예

Somebody get a doctor!

(누구 의사 좀 불러요!)

Quick—go and get a cloth!

(빨리 가서 걸레 가져 와!)

I have to go and get my mother from the airport.

(나는 공항에 어머니 모시러 가야 해.)

Get John a drink.

⑤의 예

He got ten years for armed robbery.

(그는 무장 강도로 십 년 형을 받았다.)

If convicted, Berglund could get 10 years in prison.

(유죄 판결을 받으면 버걸룬더는 십 년 형을 받을 수 있을 것이다.)

He was sentenced to get 10 years in jail in absentia.

(그는 궐석 재판에서 징역 십 년 형을 선고 받았다.)

He is lucky to get off with a small fine.

⑥의 예

Where did you get your radio from?

(당신은 어디에서 라디오를 수신했어요?)

We can't get Channel 5 in our area.

(우리가 사는 지역에는 채널 오가 안 나온다.)

We can't get Channel 4 in our neighborhood.

(우리 동네는 사 번 채널이 안 나온다.)

I only get Channel 7.

⑦의 예

We don't get a paper.

(우리는 신문을 받아 보지 않습니다.)

We already get The Times.

(우리는 벌써 『타임』자를 받아봅니다.)

Which newspaper do you get?

(어떤 신문을 받아 보세요?)

Which kind of paper do you get?

⑧의 예

Did you get good grades in school?

(넌 학교에서 학점을 잘 받았니?)

He made an effort to get an A in math.

(그는 수학에서 에이를 받기 위해 노력했다.)

He got a "C" in Chemistry and a "B" in English.

(그는 화학은 시를 받고 영어는 비를 받았다.)

So, are you ready to get an A in your project?

⑨의 예

I got this cold off you!

(내가 이 감기를 너한테서 옮았어!)

She gets really bad headache.

(그녀는 (자주) 정말 심한 두통을 앓는다.)

You get more aches and pains as you get older.

(나이가 들수록 쑤시고 아픈 데가 많아진다.)

When I was five I got measles.

⑩의 예

I tried to telephone her but couldn't get through.

(내가 그녀에게 전화를 걸려고 했는데 연결이 될 수 없었다.)

I'll get back to you after I get a definite time set.

(제가 정확한 시간이 정해지면 연락드리겠습니다.)

I wanted to speak to the manager bit I got his secretary instead.

(나는 매니저와 이야기를 하고 싶었는데 대신에 그의 비서와 연결이 되었다.)

I got a call from an old friend last night.

⑪의 예

to get angry/bored/hungry/fat(화가 나다/지루해지다/배가 고파지다/살이 찌다)

We ought to go; it's getting late.

(우리 가야 해. 시간이 늦어지고 있어.)

You'll soon get used to the climate here.

(곧 이곳 기후에 익숙해질 거예요.)

They plan to get married in the summer.

(그들은 여름에 결혼을 하려고 계획하고 있다.)

He got his fingers caught in the door.

⑫의 예

His drinking is getting to be a problem.

(그의 음주가 문제가 되고 있다.)

You'll like her once you get to know her.

(일단 그녀를 알게 되면 당신은 그녀를 좋아하게 될 것이다.)

After a time you get to realize that these things don't matter.

(시간이 지나면 당신은 이런 것들이 중요하지 않다는 것을 깨닫게 된다.)

She's getting to be an old lady now.

⑬의 예

You'll never get him to understand.

((당신이) 그 사람은 결코 이해를 시킬 수가 없을 것이다.)

I couldn't get the car to start this morning.

(나는 오늘 아침에 차에 시동을 걸 수가 없었다.)

Can you really get that old car going again?

(정말 저 고물차를 다시 가게 할 수 있어요?)

He got his sister to help him with his homework.

⑭의 예

I must get my hair cut.

(난 머리를 깎아야 해.)

I'll never get all this work finished.

(난 절대 이 일을 다 끝낼 수가 없을 거야.)

Let's be quick and get our work done.

(어서 일을 해치웁시다.)

I'm gonna get my car windows tinted.

⑮의 예

I got talking to her.

(나는 그녀에게 이야기를 하기 시작했다.)

We need to get going soon.

(우리 곧 가기 시작해야 해.)

I'm all set, so let's get going.

(난 준비 다 됐으니, 우리 떠납시다.)

When you guys get talking I lose track of the real world.

⑯의 예

He got to try out all the new software.

(그는 모든 새 소프트웨어를 시도해 볼 기회를 가졌다.)

It's not fair—I never get to go first.

(이건 불공평해. 난 한 번도 맨 먼저 할 기회가 없어.)

Whenever I get the chance I go to Maxim's for dinner.
(기회가 있을 때마다 나는 저녁 식사를 하러 맥심 식당에 간다.)
You get time to think in prison.

⑰의 예

What time did you get here?
(너 몇 시에 여기 도착했니?)
You got in very late last night.
(너는 지난밤에 아주 늦게 들어왔어.)
I haven't got very far with the book I'm reading.
(난 지금 읽고 있는 책을 별로 많이 못 읽었어.)
We got to San Diego at 7 o'clock.

⑱의 예

She got into bed.
(그녀는 (간신히) 침대로 들어갔다.)
He got down from the ladder.
(그가 (힘들게) 사다리를 내려 왔다.)
The bridge was destroyed so we couldn't get across the river.
(다리가 파괴되어 우리는 강을 건널 수가 없었다.)
We couldn't get the piano through the door.

Where have they got to?
(그들은 어디로 간 거지?)
Where do we get on the bus?
(우리가 버스를 어디서 타지?)

We must be getting home, it's past midnight.

(우린 집에 가야 해. 자정이 넘었어.)

I'm getting off at the next station.

⑲의 예

I usually get the bus to work.

(나는 보통 버스를 타고 출근한다.)

What time are you getting your train?

(당신은 몇 시 기차를 탈 건가요?)

We're going to be late—let's get a taxi.

(우리가 늦을 것 같애. 택시를 타자)

It'll be two pounds to get the bus.

⑳의 예

Who's getting the lunch?

(점심 준비는 누가 해요?)

I must go home and get tea for the kids.

(나 집에 가서 애들 간식 챙겨 줘야 해요.)

I must go home and get the kids their tea.

(나 집에 가서 애들 간식 챙겨 줘야 해요.)

She was getting breakfast as usual.

㉑의 예

Will you get the phone?

(전화 좀 받을래?)

Let me get the door for you.

(제가 문을 열어 드리죠.)

This may also help to get a second call with the customer.
(이렇게 하면 고객과 두 번째 통화를 하는 데 도움이 됩니다.)
Will you get the door?

㉒의 예

to go sb by the arm/wrist/throat(…의 펄/손목/목을 잡다)
I'll get you for that!
(당신에게 그걸[그 원수를] 갚아 주겠어!)
He thinks everybody is out to get him.
(그는 모든 사람들이 자기를 해치려고 한다고 생각한다.)
She fell overboard and the sharks got her.
(그녀가 배 밖으로 떨어지자 상어 떼가 그녀에게 덤벼들었다.)
He was on the run for a week before the police got him.

㉓의 예

The bullet got her in the leg.
(총알이 그녀의 다리에 맞았다.)
The bullet got him in the arm.
(총알은 그의 팔에 맞았다.)
The bullet got him in the neck.
(총알이 그의 목에 맞았다.)
A: Did you get him?
B: No, I just missed by an inch!

㉔의 예

I don't get you.
(난 네가(네 말이) 이해가 안 돼.)

She didn't get the joke.

(그녀는 그 농담을 알아듣지 못했다.)

I don't get it—why would she do a thing like that?

(난 그게 이해가 안 돼. 왜 그녀가 그런 짓을 하겠니?)

I get the message—you don't want me to come.

㉕의 예

They still get cases of typhoid there.

(거기에서는 아직도 장티푸스 환자들이 발생한다.)

You get all these kids hanging around in the street.

(이 모든 아이들이 거리를 돌아다닌다.)

Once they get an idea into their heads, they never give up.

(그들은 일단 머리에 어떤 아이디어가 떠오르면 결코 단념하지 않는다.)

We're getting a load of hassle from the neighbors for making too much noise.

㉖의 예

That question's got me.

(나는 그 질문에 진땀을 뺐다.)

There is just one thing that got me.

(나를 혼란스럽게 하는 단 하나뿐입니다.)

What gets me is why he left the country without telling anyone.

(나를 어디둥절하게 만드는 것은 왜 그가 아무에게도 말하지 않고 이 나라를 떠났는가 하는 점이다.)

A: What's the capital of Bulgaria?

B: You've got me there!

(A: 불가리아의 수도가 어디지?
B: 모르겠어!)
His devious behavior's got his friends.

㉗의 예

What gets me is the attitude of so many of the people.
(내가 짜증을 내고 있는 것은 그렇게 많은 사람들의 태도이다.)
What got me was the total lack of regard for human life.
(나를 짜증나게 만들었던 것은 전적으로 인간의 삶에 대한 관심 부족이었다.)
What gets me is having to do the same thing all day long.
(내가 짜증나는 것은 하루 종일 똑같은 일만 해야 한다는 것이다.)
What gets me is that these people couldn't see it coming.

◈ get의 숙어로 be getting on, be getting on for..., get sb nowhere/not get sb anywhere,get somewhere/anywhere/nowhere, get there, there's no getting away from sth | you can't get away from sth, what are you, was he, etc. getting at?와 what has got into sb 등이 있다.

▶ be getting on: be getting on은 ① "(사람이) 나이가 들다"와 ② "(시간이) 늦어지다"라는 뜻이다.

①의 예

She must be getting on in years.
(그녀도 분명 나이가 들어갈 거야.)

Well I'm afraid I must be getting on.
(글쎄 내 나이가 들어가는 게 틀림없어.)
She's getting on, it's true, but she's fine.
(그녀는 나이기 들어가고 있어. 그게 사실이지만 그녀는 괜찮아.)
I'm nearly 31 and that's getting on a bit for a footballer.

②의 예

I must be getting on home.
(내가 집에 갈 시간이 늦었어.)
It must be getting on for midnight.
((시간이) 자정이 거의 다 되어 갈 거야.)
The time's getting on—we ought to be going.
(시간이 늦어지고 있어. 우린 가야 해.)
Oh god, I'm getting on the bus.

▶ be getting on for...: be getting on for...는 "(특정한 시간 · 나이 · 수가) 거의 다 되다"라는 뜻이다.

He's getting on for eighty.
(그 분은 (연세가) 여든이 다 되어 가신다.)
It must be getting on for midnight.
((시간이) 자정이 거의 다 되어 갈 거야.)
The movie was getting on for the end.
(영화가 거의 다 끝나간다.)
London's daytime population is getting on for 10 million, which is 21 percent.

▶ get sb nowhere/not get sb anywhere: get sb nowhere/not get sb anywhere는"(일의 진척 · 성공에) 아무런 도움이 안되다"라는 뜻이다.

Talking to him will get you nowhere.

(그에게 말을 해 봐야 아무 성과가 없을 것이다.)

Being rude to me won't get you anywhere.

(나한테 무례하게 굴면 네게 득 될 게 없을 걸.)

This line of investigation is getting us nowhere.

(이쪽 방향에서 하는 수사는 우리에게 아무런 도움이 안 되고 있다.)

Waiting till the last minute will probably get you nowhere.

▶ get get somewhere/anywhere/nowhere는 "조금/약간 진전을 보다[무엇인가 성과를 거두다]/전혀 진전을 보지 못하다[아무런 도움이 안된다]"라는 뜻이다.

Oh, see, now we're getting somewhere.

(오, 보게, 이제 뭔가 말이 통하는 것 같은데.)

This time it looks as if we're really going to get somewhere.

(이제 우리가 정말로 조금 진전을 보려고 하는 것 같애.)

After six months' work on the project, as last I feel I'm getting somewhere.

(이 프로젝트에 육 개월을 보내고 나니 마침내 뭔가 진행이 되고 있다는 기분이 든다.)

At last they were agreeing, at last they were getting where.

I won't be able to get anywhere with you.

(당신과 얘기해 보아야 무언가 소용이 없을 것 같다.)

You don't get anywhere by making enemies.

(적을 만들면 어떤 일에도 성공하지 못한다.)

I don't seem to be getting anywhere with this letter.
(난 이 편지가 전혀 진도가 안 나가는 것 같다.)
You won't get anywhere with that level of skill.

You will get nowhere doing this.
(자네가 이래봤자 별 수 없어.)
You will get nowhere if you speak like that.
(자네가 그렇게 말하면 성과를 얻지 못할 거야.)
He tried to find a new job, but he couldn't get nowhere.
(그는 새로운 직접을 구하려고 노력했지만, 전혀 진전이 없었다.)
I'm afraid we'll get nowhere talking to him.

▶ get there: get there는 ① "(목표·과제 등을) 달성하다[해 내다]"와 ② "도착하다"라는 뜻이다.

①의 예

I promise you, we will get there!
(저는 여러분에게 우리가 해낼 것이라고 약속합니다!)
I'm sure you'll get there in the end.
(네가 결국 해 낼 거라는 걸 난 확신해.)
It's not perfect but we're getting there.
(완벽하진 않지만 우리가 해 내고는 있다.)
We may not get there in one year or even in one term.

②의 예

I'll get there, even if I have to walk.
(난 걸어서라도 거기 갈 거야.)
I made a conscious effort to get there on time.
(나는 시간 맞춰 거기에 가 닿기 위해 의식적으로 노력을 했다.)

We could still make it, but we won't get there till three.
(우리가 아직도 갈 수는 있겠지만 세 시 이전에 도착하는 것은 불가능하다.)
There isn't nearly enough time to get there now.

▶ there's no getting away from sth | you can't get away from sth:
there's no getting away from sth | you can't get away from sth은 "~에서 벗어날 길은 없다(불쾌한 사실을 인정해야 함을 나타냄)"라는 뜻이다.
There's no getting away from it, I'm growing old.
(그것에서 벗어날 길이 없어. 나는 나이를 먹어가고 있어.)
There's no getting away from it: my desk is a mess.
(그것에서 벗어날 길이 없다. 내 책상은 엉망진창이다.).
He was in the second division within the Beatles and there was no getting away from that.
(그는 비틀즈 내에서 이 진 멤버에 속했고 또 그것을 벗어날 길은 없었으니까요.)
There's no getting away from it. He's simply a better player than me.

It is something I can't get away from.
(그것은 내가 벗어날 수 없는 그 무엇이다.)
I'm afraid you can't get away from uncertainty.
(당신은 불확실성에서 벗어날 수 없을 것 같은데요.)
You can't get away from the fact that there's a lot of money involved.
(넌 많은 돈과 관련되어 있다는 사실에서 벗어날 수 없다.)

You can't get away from being Joseph Lowery's daughter.

▶ what are you, was he, etc. getting at?: what are you, was he, etc. getting at?는 "도대체 너 무슨 말을 하고 싶은 거니, 그는 무슨 말을 하려는 걸까"라는 뜻이다.

What are you getting at here?
(당신은 도대체 무슨 말을 하고 싶은 거니?)
"What are you getting at now?" demanded Rick.
("지금 무슨 말을 하는 거지?"라고 릭은 다그쳤다.)
I'm partly to blame? What exactly are you getting at?
(내게도 일부 책임이 있다구? 정확히 네가 하고 싶은 말이 뭐야?)
What are you getting at with your question?

I could not understand what he was getting at.
(나는 그가 뭘 말하려고 하는지 이해할 수 없었다.)
I was not quite sure exactly what he was getting at.
(나는 그가 무엇을 말하려는지 아주 정확히는 알지 못했다.)
It came out of left field, and I did not understand what he was getting at.
(그것은 완전히 뜻밖이었고 나는 그가 무슨 말을 하려는지 이해하지 못했다.)
Gentleman is addressing me, I see quite plainly what he is getting at.

▶ what has got into sb: what has got into sb는 "~에게 무슨 일이 있는 걸까[~가 왜 그러는 걸까]?(갑자기 행동이 이상하거나 달라진 사람에 대해 하는 말)"라는 뜻이다.

Honey, what has gotten into you?

(자기, 왜 그래?)

I don't know what has gotten into that kid.

(그 애가 뭐가 잘못된 건지 내가 모르겠네.)

What's got into Alex? He never used to worry like that.

(알렉스에게 무슨 일이 있는 걸까? 그가 전에는 한 번도 그렇게 걱정한 적이 없어.)

What has got into you today? Why are you behaving like this?

◈ get의 구동사(phrasal verb)로 get ahead (of sb), get along, get around, get at sb, get at sb/sth, get at sth, get away, get away (from...),get away (from sb)(...), get away with sth, get back, get back at sb, get back to sb, get back to sth, get behind (with sth), get by (on/in/with sth), get sb down, get sth down, get in | get into sth, get sb in, get sth in, get into sth, get into sth | get oneself/sb into sth, get off, get on, get on to sb, get on to sth, get along with sb, get on with sb | get on together, get on with sth, get out (of sth), get out of sth, get over sth, get over oneself, get round/around sb, get round/around sth, get round/around to sth, get through (sth) | get sth through (sth), get through (to sb), get through (to sth), get through to sb, get through with sth, get sb/sth together, get together (with sb), get up와 get up to sth 등 많이 있다.

▶ get ahead (of sb): get ahead (of sb)는 ① "~을[를] 앞서다"와 ② "출세하다, 성공하다"라는 뜻이다.

①의 예

She wants to get ahead in her career.
(그녀는 자신의 분야에서 앞서고 싶어 한다.)
He soon got ahead of the others in his class.
(그는 곧 반의 다른 학생들을 앞섰다.)
It annoys me to see him getting ahead of me.
(그가 나를 앞서는 것을 보니 약이 오른다.)
I don't want to get ahead of myself.

②의 예

Many people want to get ahead in the fashion.
(많은 사람이 패션계에서 출세하기를 바란다.)
Do you think money is necessary to get ahead in this world?
(당신은 아직도 출세하려면 돈이 있어야 한다고 생각하세요?)
Some of the fast trackers seem so preoccupied with getting ahead that they don't always notice the implications of what they do.
(출세 가도를 달리는 일부 사람들은 성공에 너무 집착한 나머지 그들이 현재 하고 있는 일의 의미를 감지하지 못하기도 한다.)
He wanted safety, security, a home, and a chance to get ahead.

▶ get along: get along은 ① "떠나다"와 ② "(안부 등에 대해 묻거나 답하는 말에서)하다[지내다]"라는 뜻이다.

①의 예

It's time we were getting along.

(우리가 떠나야 할 시간이야.)

How can we get along without her?

(그녀 없이 어떻게 해 나가야 되지?)

Maybe it's time for us all to just get along.

(아마도 우리가 바로 떠나야 할 시간인 것 같아요.)

It was the only time we ever got along.

②의 예

I get along well with people.

(저는 사람들과 잘 어울리는 성격입니다.)

I can't get along on such a small income.

(나는 그렇게 적은 수입으로 살아갈 수 없어요.)

I have heard him tell people that we get along splendidly.

(나는 그가 사람들에게 우리가 아주 사이좋게 잘 지낸다고 말하는 것을 들은 적이 있다.)

It's impossible to get along with him.

▶ get around: get around는 ① "(여기 저기 · 이 사람 저 사람에게로) 돌아다니다"(=get about)와 ② "(보통 상대방을 잘 해 주어서) ~을[를] 설득시키다"(=get round)라는 뜻이다.

①의 예

He now needs a walker to get around.

(그는 이제 걸어 다니려면 보행 보조기가 있어야 한다.)

She gets around with the help of a stick.
(그녀는 지팡이에 의지하여 돌아다닌다.)
News soon got around that he had resigned.
(곧 그가 사직했다는 소식이 돌아다녔다.)
He claimed to be a journalist, and he got around.

②의 예
Max could always get around her.
(맥스는 항상 그녀를 구워삶을 수 있었다.)
We'll soon get him around to our point of view.
(우리는 우리의 견해에 대해 곧 그를 설득시킬 것이다.)
I think I can get around my father to lend us the car.
(나는 우리에게 그 차를 빌려달라고 아버지에게 설득시킬 수 있다.)
We shall need to borrow more money to keep up the payments on the house; can you get around your parents again?

▶ get at sb: get at sb는 "~을[를] 계속 나무라다[~에게 계속 잔소리를 하다]"라는 뜻이다.
He's always getting at me.
(그는 항상 내게 잔소리를 해.)
She feels she's being got at.
(그녀는 자기를 자꾸 나무란다고 생각한다.)
He keeps getting at me and I really don't know what I've done wrong.
(그는 계속해서 나를 나무란다. 그리고 나는 내가 잘못한 일을 정말로 알지 못한다.)
They don't like my moustache and my long hair, they get at me whenever they can.

▶ get at sb/sth: get at sb/sth은 "~에(게) 이르다, ~을[를] 접하다"라는 뜻이다.

It's always difficult to get at the truth.

(진리에 이르기는 항상 어렵다.)

The files are locked up and I can't get at them.

(그 파일들은 잠궈져 있어서 내가 볼 수가 없다.)

This was the best room we could get at such short notice.

(그처럼 촉박하게는 이것이 우리가 구할 수 있는 가장 좋은 방이었다.)

I'll got into the office early tomorrow so as to have time to get at that file of work that's been waiting for me.

▶ get at sth: get at sth은 "~을[를] 알게 되다"라는 뜻이다.

We are determined to get at the truth.

(우리는 기필코 진상을 알아낼 것이다.)

The truth is sometimes difficult to get at.

(진실은 때때로 알아내기가 어려운 법이다.)

We want to get at the truth. Who killed him? And why?

(우리는 사실을 밝히기를 원합니다. 누가 그를 죽였습니까? 그리고 왜 그랬습니까?)

It's the only way you can get at her

▶ get away: get away는 ① "휴가를 가다"와 ② "말도 안돼[그럴 리 가]"라는 뜻이다.

①의 예

He is too busy to get away.

(그는 너무 바빠서 휴가를 떠날 수도 없다.)

His idea was to get away without saying a word.
(그가 한 생각은 아무 말도 안 하고 휴가를 가 버리는 것이었다.)
We're hoping to get away for a few days at Easter.
(우리는 부활절 때 며칠 휴가를 갔으면 하고 있다.)
I couldn't get away at all last year, I was too busy.

②의 예

Get away with you! How can I believe that?
(설마, 그럴 리가! 어떻게 그걸 믿을 수가 있어!)
Oh, get away (with you)! I know better than that!
(말도 안 돼! 나는 그 정도는 잘 알아!)
A: These tickets didn't cost me a thing.
B: Get away!
(A; 이 티켓들에 난 돈이 하나도 안 들었어.
B: 말도 안 돼!)
Get away! I would never have thought it!
A: They say you're a very aggressive player.
B: Get away with you!

▶ get away (from...): get away (from...)는 "(…에서) 떠나다[빠져 나가다]"라는 뜻이다.

I just need to get away from the cafeteria.
(난 자율식당에는 가고 싶지 않거든요.)
I won't be able to get away from the office before 7.
(내가 일곱 시 전에는 사무실에서 못 빠져 나갈 거야.)
It's probably done you good to get away for a few hours.
(몇 시간 동안이라도 자리를 떴던 것이 당신에게 도움이 된 것 같다.)

It's great to get away from the city.

▶ get away (from sb)(...): get away (from sb)(...)는 "(…에(게)서) 탈출하다[벗어나다]"라는 뜻이다.

I'd go anywhere to get away from them.

(난 재네들한테서 벗어날 수 있다면 그 어디라도 좋아.)

But now I want to get away from all the pressure.

(그러나 지금은 갖가지 중압감으로부터 벗어나고 싶다.)

She'd gladly have gone anywhere to get away from the city.

(그녀는 도시에서 벗어날 수 있다면 어디로든 기꺼이 가려고 했었다.)

I've never been able to get away from him.

▶ get away with sth: get away with sth은 ① "~을[를] 훔쳐 달아나다", ② "(비교적 가벼운 처벌을) 받다", ③ "(나쁜 짓을 하고도) 처벌을 모면하다[그냥 넘어가다]"와 ④ "(예상보다 적은 것으로) 그럭저럭 해 나가다"라는 뜻이다.

①의 예

But as long as we let them get away with it.

(그러나 우리가 그들을 이것을 갖고 도주하도록 내버려 두는 한에는.)

They shouldn't be allowed to get away with it.

(그들이 그것을 가지고 가도록 허락해선 안 된다.)

Thieves got away with computer equipment worth $30,000.

(도둑들이 삼만 달러 상당의 컴퓨터 장비를 훔쳐 달아났다.)

The thieves got away with the best of the jewels.

②의 예

You let Sue get away with anything.

(자네는 수한테 너무 관대해.)

He was lucky to get away with only a fine.

(그는 운이 좋게도 벌금 처분만 받았다.)

If you cheat in the exam, you'll never get away with it.

(당신이 시험에서 부정행위를 하면 처벌을 면할 수 없을 것이다.)

I can't let him get away with this.

③의 예

You can't get away with it.

(당신이 그런 짓을 하고도 무사할 줄 압니까?)

Nobody gets away with insulting me like that.

(나를 그렇게 모욕한 놈은 누구도 그냥 넘길 수 없어.)

Don't be tempted to cheat—you'll never get away with it.

(부정행위 할 생각 하지 마. 절대 그냥 안 넘어갈 테니까.)

Don't think you're gonna get away with it?

④의 예

Don't try to get away with scamping on this job.

(눈가림으로 어물어물 넘어가려고 하지 마라.)

Still, if you don't panic, you can get away with it.

(진정해, 당황하지만 않으면, 극복해 낼 수 있어.)

After the first month, you should be able to get away with one lesson a week.

(첫 한 달 후에는 일주에 수업을 한 번만 받고도 어떻게 해 나갈 수 있을 것이다.)

All should increase as much as they can get away with.

▶ get back : get back은 “(특히 자기 집에) 돌아오다”라는 뜻이다.

I can’t wait to get back home.

(난 빨리 집에 돌아가고 싶어.)

I couldn’t hide my eagerness to get back home.

(나는 집에 돌아가고 싶은 간절함을 감출 수가 없었다.)

We were in no hurry to get back to work after the holiday.

(우리는 휴가가 끝난 뒤에 직장에 돌아가고 싶지 않았다.)

If anyone comes in before I get back, ask them to wait.

▶ get sth back : get sth back은 “(잃었던 것을) 되찾다”라는 뜻이다.

She’s got her old job back.

(그녀가 예전 직장을 되찾았다.)

I never lend books—you never get them back.

(난 절대 책을 빌려주지 않는다. 자네가 결코 되돌려 받을 수 없으니까.)

I tried to get my life back on track after my divorce.

(나는 이혼 후에 내 삶을 다시 정상 궤도에 올려놓기 위해 애를 썼다.)

It may take some time to get the economy back on track.

▶ get back at sb : get back at sb는 “~에게 복수하다”라는 뜻이다.

I’ll find a way of getting back at him!

(난 그에게 복수할 길을 찾고야 말겠어!)

He was trying to get back at his girlfriend.

(그는 그의 여자 친구에게 복수하는 것을 시도 중이었어.)

I've waited for a chance to get back at his tricks.

(나는 그의 속임수에 앙갚음할 기회를 기다려 왔다.)

You want to get back at people you think killed your daughter.

▶ get back to sb: get back to sb는 "(특히 회답을 하기 위해) ~에게 나중에 다시 연락하다"라는 뜻이다.

Let me get back to you.

(나중에 연락할 게.)

I'll find out and get back to you.

(내가 알아보고 나중에 다시 연락할게요.)

We'll get back to you as soon as possible.

(우리가 가능한 빨리 너에게 다시 연락할 게.)

Can I take a message, and have him get back to you?

▶ get back to sth: get back to sth은 "~으로 돌아가다"라는 뜻이다.

Press escape to get back to the menu.

(다시 메뉴로 돌아가려면 이스케이프 키를 눌러라.)

Could we get back to the question of funding?

(자금 조달 문제로 다시 돌아가 볼까요?)

She is raring to get back to work after her operation.

(그녀는 수술을 한 후 어서 복직하고 싶어 몸이 근질근질 한다.)

I muttered something about needing to get back to work.

▶ get behind (with sth): get behind (with sth)는 "(일의 진행 · 대금 납부 등이) 밀리다"라는 뜻이다.

I'm getting behind with my work.

(난 할 일이 밀리고 있다.)

We're getting behind with the rent.

(우리는 집세가 밀리고 있다.)

He got behind with the payments for his car.

(그는 자동차 할부금이 밀려 있었다.)

Once I get behind (with my work) it's very hard to catch up.

▶ get by (on/in/with sth): get by (on/in/with sth)는 "(~으로) 그럭저럭 살아[해] 나가다"라는 뜻이다.

I can just about get by in German.

(나는 독일어로 간신히 의사소통은 한다.)

How does she get by on such a small salary?

(그녀는 그렇게 적은 급료로 어떻게 살아갈까?)

He has to get by on unemployment compensation.

(그는 실업 수당으로 꾸려 나가야 한다.)

Melville managed to get by on a small amount of money.

▶ get sb down: get sb down은 "~을[를] 우울하게 만들다"라는 뜻이다.

Don't let him get you down.

(그 사람 때문에 우울해하지 말아요.)

The news will get him down.

(그 소식을 들으면 그는 낙심할 것이다.)

The stress of everyday living can really get you down.

(매일 겪는 스트레스는 당신을 우울하게 만들 수 있습니다.)

Don't let it get you down.

▶ get sth down : get sth down은 ① "(보통 어렵게) ~을[를] 삼키다[넘기다]"와 ②"~을[를] 적어 두다"(=write down)란 뜻이다.

①의 예

When I had got it down I started talking.
(내가 그것을 삼켰을 때 말을 하기 시작했다.)
Her throat was so swollen that she could't get the tablets down.
(그녀의 목이 너무 부어올라서 그 정제들을 삼킬 수 없었다.)
I bit into a hefty slab of bread and cheese. When I had got it down I started talking.
(나는 빵과 치즈의 큰 조각을 베어 물었다. 내가 그것을 삼켰을 때 말을 하기 시작했다,)
Your dinner is on the table and you've got ten minutes to get it down.

②의 예

Did you get that down?
(당신은 그거 적었어요?)
Did you get his number down?
(그의 전화 번호 적어 뒀니?)
It is important to get something down on paper.
(뭔가를 종이에 적는 것이 중요하다.)
The idea has been going around in my head for a quite a while and now I am getting it down on paper.

▶ get in | get into sth : get in | get into sth은 ① "~에 도착하다", ② "(선거에서) 당선[선출]되다"와 ③ "(대학 등에) 입학 허가를 받다"라는 뜻이다.

①의 예

The train got in late.
(그 기차가 연착했다.)
I'll get in at 7:30 p.m.
(난 저녁 일곱 시 삼십 분에 도착할 거예요.)
What time do you get into Heathrow?
(히스로 공항에 몇 시 도착하세요?)
We would have come straight here, except our flight got in too late.

②의 예

She first got into Parliament in 2002.
(그녀는 이천이 년에 처음 국회의원으로 선출되었다.)
He was surprised to get in at his first election.
(그는 첫 번째 선거에서 당선되어 놀랐다.)
The Republican candidate stands a good chance of getting in.
(공화당 후보가 당선될 가능성이 많다.)
If the Conservatives got in they might decide to change it.

③의 예

She's got into Durham to study law.
(그녀는 더럼 대학 법대에 입학 허가를 받았다.)
He tried to get in the graduate program but failed.
(그는 대학원에 가려 했으나 떨어졌다.)

His high school grades were not high enough to get in.
(그의 고등학교 성적은 입학하기에 충분히 높지 않았어요.)
I was working hard to get into Cambridge.

▶ get sb in: get sb in은 "(일을 할 사람을 집으로) 부르다"라는 뜻이다.
I gotta get a guy in to fix that thing.
(내가 저걸 고칠 사람을 구해야겠어.)
We'll get someone in to do the rough work.
(힘든 일을 하도록 사람을 들일 것이다.)
You'll have to get a plumber in to look at that water tank.
(당신은 저 물탱크를 보기 위해 배관공을 구해야만 한 거다.)
Get the doctor in, I don't like the sound of child's breathing.

▶ get sth in: get sth in은 ① "~을[를] 모으다[거둬들이다]", ② "~을[를] 사들이다"와 ③ "간신히 ~을[를] 하다[말하다]"라는 뜻이다.

①의 예
How will we get the harvest in?
(우리가 어떻게 수확물을 거둬들일 것인가?)
However, this year has been good for getting the crop in.
(그러나 올해는 작물을 거두기에 좋아지고 있다.)
We didn't get the harvest in until Christmas, there was so much snow.
(우리는 크리스마스까지 수확물을 거둬들이지 못했다. 상당히 눈이 많이 왔다.)
They were busy getting the harvest in.We are now reaping the harvest of our hard work last year.

②의 예

Remember to get in some beers for this evening.

(오늘 저녁에 쓰게 맥주 좀 사 오는 거 잊지 말아요.)

In the 1930s, it was hard to get nylon in the US.

(천구백삼십 년대 미국에서 비단을 구하는 것은 어려웠다.)

We should get some wine in for the party.

③의 예

Probably the only time she could get a word in.

(아마도 그녀가 말을 건넬 수 있었던 유일한 시간이었소.)

I got in an hour's work while the baby was asleep.

(나는 아기가 잘 때 겨우 한 시간 동안 일을 했다.)

She talks so much it's impossible to get a word in.

(그녀는 말을 너무 많이 해서 한 마디도 끼어드는 게 불가능하다.)

It was hard to get a word in.

▶ get into sth: get into sth은 ① "(특히 어렵게) ~을[를] 입다[신다/쓰다]", ② "(특정한 전문 직종에) 들어가다", ③ "~을[를](시작)하게 되다", ④ "(특정한 습관을) 들이다", ⑤ "~에 흥미를 갖게 되다[맛이 들다]"와 ⑥"~에 익숙해지다"라는 뜻이다.

①의 예

I can't get into these shoes—they're too small.

(이 신발은 신을 수가 없어요. 너무 작아요.)

Go on, get into your next outfit, will you, Honey?

(계속해요, 다음 의상으로 갈아입어요, 알았죠?)

Since I gained weight, I can't get into my best suit.
(내 몸무게가 늘었기 때문에 나는 가장 좋은 정장을 입을 수 없다.)
Well, I'm going to get into some clothes.

②의 예

What's the best way to get into journalism?
(언론계에 들어갈 수 있는 가장 좋은 방법이 뭔가요?)
But lots of people get into politics for less lofty reasons.
(많은 사람들이 고결한 이유 없이 정치에 참여한다.)
She went out to Hollywood and tried to get into the movies.
(그 여자는 할리우드에 가서 영화계에 진출하려고 했다.)
He was eager to get into politics.

③의 예

I got into conversation with an Italian student.
(나는 한 이탈리아 학생과 대화를 나누게 되었다.)
The three of you get into a heated conversation about the war.
(우리 셋은 전쟁에 관해 뜨거운 논쟁을 벌이게 된다.)
I don't want to get into a conversation with them. I did not ask for money.
(나는 그들과의 대화에 끼고 싶지 않다. 나는 돈을 요구하지 않았다.)
We got into a conversation about pollution.

④의 예

How did she get into drugs?
(어쩌다가 그녀가 마약을 하게 됐나요?)

Don't let yourself get into bad habits.
(나쁜 버릇은 들이지 말아라.)
You should get into the routine of saving the document you are working on every ten minutes.
(작업하는 문서를 고정적으로 십 분마다 한 번씩 저장하는 습관을 들여야 한다.)
Try to get into the habit of saving your work regularly.

⑤의 예

I get really into the music.
(나는 그 음악에 엄청 빠졌다.)
People really get into the game.
(사람들은 정말로 그 게임에 빠져 듭니다.)
I'm really getting into jazz these days.
(난 요즘에 정말 재즈에 맛을 들이고 있다.)
How did you get into computers, which was kind of your first passion, or one of your first passions, that and music?

⑥의 예

I haven't really got into my new job yet.
(난 아직 새 직장에 제대로 익숙해지지가 않았다.)
Come on, Bill. Try to get into the swing of things.
(빌, 힘 내. 일상 업무 리듬에 익숙해지도록 힘써 봐.)
John just couldn't seem to get into the swing of things.
(존은 아무리 해도 일상 업무에 익숙해지지 못하는 것 같다.)
I don't want the baby to get into bad habits.

▶ get into sth | get oneself/sb into sth: get into sth | get oneself/sb into sth은 "(특정한 상태에) 처하다[처하게 만들다]"라는 뜻이다.

She got herself into a real state before the interview.
(그녀는 면접 전에 정말 몹시 초조해졌다.)
He got into trouble with the police while he was still at school.
(그는 아직 학교에 다닐 때 경찰서를 들락거렸다.)
Three people were rescued from a yacht which got into difficulties.
(조난을 당하게 된 요트에서 세 사람이 구출되었다.)
If you get into any dodgy situations, call me.

▶ get off: get off는 ① "(명령문에 쓰여) 손 떼[놔]", ② "떠나다[출발하다], ~을[를] 떠나게[출발하게] 해 주다", ③ "잠이 들다[들게 하다]", ④ "(허락을 받거나 일을 마치고 직장에서) 퇴근하다", ⑤ "(특정 주제에 대한 이야기를) 그만하다[하게 하다]"와 ⑥ "(우편물을) 보내다[부치다]"라는 뜻이다.

①의 예

Get off me, that hurts!
(이거 놔. 아프단 말야!)
I kept telling him to get off.
(나는 그에게 손 떼라고 계속해서 말했다.)
Boo!' they shouted, 'Get off!'
("우우, 물러가라!" 그들이 외쳤다.)
"Get off me!" I screamed.

②의 예

I told you. Get off the farm.

(내가 너에게 말했지. 농장에서 떠나라고.)

He got the children off to school.

(그는 아이들을 챙겨 학교로 보냈다.)

We got off straight after breakfast.

(우리는 아침밥을 먹고 바로 떠났다.)

At eight I said "I'm getting off now."

③의 예

I had great difficulty getting off to sleep.

(나는 잠이 드는 데 무진 애를 먹었다.)

They couldn't get the baby off till midnight.

(그들은 자장이 될 때까지 아기를 재울 수가 없었다.)

It was so hot that I didn't get off till three o'clock.

(날씨가 너무 더워서 나는 세 시까지 잠에 들지 못했다.)

I've been trying to get the baby off for an hour!

④의 예

Could you get off (work) early tomorrow?

(당신 내일 일찍 퇴근할 수 있어요?)

At what time do you usually get off work?

(당신은 대개 몇 시에 퇴근합니까?)

I'm not going to be able to get off work on time.

(난 제시간에 퇴근을 할 수 없을 것 같애.)

I have to work overtime and won't get off until 9.

⑤의 예

I do not want to get off the subject.

(난 주제에서 벗어나기를 원치 않는다.)

Please can we get off the subject of dieting?

(제발 우리 다이어트 얘기 좀 그만하면 안 되겠니?)

I couldn't get him off politics once he had started.

(그가 일단 정치 이야기를 시작했다 하면 그만두게 할 수가 없었다.)

Let's not get off topic here.

⑥의 예

I have to get this letter off before 5 o'clock.

(나는 이 편지를 다섯 시 전에 부쳐야 한다.)

I must get these letters off first thing tomorrow.

(난 내일 아침에 맨 먼저 이 편지들을 부쳐야 돼.)

I'd like to get this letter off by the first-class post.

(나는 일 급 우편물로 이 편지를 부치고 싶다.)

Please see that this urgent parcel gets off this morning.

▶ get on: get on은 ① "(안부 등에 대해 묻거나 답하는 말에서) 하다[지내다]", ②"(사회생활 등에서) 성공하다"와 ③ "꾸려 나가다"라는 뜻이다.

①의 예

They didn't get on very well.

(그들은 아주 잘 지내지 못했다.)

He's getting on very well at school.

(그는 학교생활을 아주 잘 하고 있다.)

How did you get on at the interview?
(인터뷰는 어떻게 잘 했어요?)
I get on well with people from different backgrounds.

②의 예

To cut a long story short, they didn't get on.
(간단히 말하자면, 그들은 성공하지 못했다.)
Parents are always anxious for their children to get on.
(부모들은 항상 자식들이 성공하기를 바란다.)
No one can say who will get on in the world in the future.
(장차 누가 출세할지는 모르는 법이다.)
Politics is seen as a man's world. It is very difficult for women to get on.

③의 예

Keep moving—and get on with your life.
(계속 움직이면서 생활을 해라.)
We can get on perfectly well without her.
(우리는 그녀 없이도 완벽하게 잘 꾸려 나갈 수 있다.)
I don't know how he's going to get on in life.
(나는 그가 어떻게 살아 나가려고 하는 것인지 모르겠다.)
I'll let you know how I get on.

▶ get on to sb: get on to sb는 ① "(전화 등으로) ~에게 연락하다"와 ② "(특히 남의 나쁜 짓 등을) 적발하다[알게 되다]"라는 뜻이다.

①의 예

The heating isn't working; I'll get on to the landlord about it.

(난방이 안 돼. 집주인에게 연락을 해 봐야겠어.)

I got on to him and explained some of the things I had been thinking of.

(나는 그에게 연락을 하여 내가 생각해왔었던 몇 가지를 설명했다.)

I'll get onto the director and see if he can help.

②의 예

How did you get on to me?

(나를 어떻게 찾아낸 거야?)

By the time we got on to the con artists, they were out of town.

(우리가 사기꾼들을 적발했을 즈음엔 그들은 소도시를 빠져나갔다.)

He had been stealing money from the company for years before they got on to him.

(그는 사람들이 그를 적발할 때까지 수 년 동안 그 회사에서 돈을 훔쳐 오던 중이다.)

The sheriff got on to Jed, and Jed wanted to get out of town fast.

▶ get on to sth : get on to sth은 "(새로운 주제로) 넘어가다"라는 뜻이다.

I'd like to get on to my question now.

(이제 저의 질문으로 넘어가고 싶습니다.)

Let's get on to more important matters.

(더 중요한 사안에 대해서 얘기해 보자.)

It's time we got on to the question of costs.

(이제 비용 문제로 넘어가야겠군요.)

We got on to the subject of relationships.

▶ get on with sb | get on together, get along with sb : get on with on together, get along with sb는 "~와/(함께) 잘 지내다"라는 뜻이다.

She's never really got on with her sister.

(그녀는 언니[여동생]와 정말 잘 지낸 적이 없다.)

She and her sister have never really got on.

(그녀와 그녀의 언니[여동생]는 한 번도 정말 잘 지낸 적이 없다.)

If I were you, I would get on with a better life.

(내가 너라면 나는 보란 듯이 더 잘 살겠어요.)

What are your neighbors like? Do you get on with them?

Let us all get on together.

(우리 잘 지냅시다.)

We're going to get on together.

(우리는 잘 지낼 겁니다.)

We get on together, and he wants to go with us!

(우리는 잘 지냅니다. 그래서 그는 우리와 함께 가고 싶어해요!)

I thought university would be this Utopia where we would all get on together.

It is important to get along with others.

(다른 사람들과 잘 지내는 것은 중요한 일입니다.)

How do you get along with your brothers and sisters?

(당신은 형제자매들과의 사이는 어떻습니까?)

Surprisingly, they get along with each other very well!

(놀랍게도, 그들은 서로 매우 잘 지냅니다!)

I suppose leadership at one time meant muscles; but today it means getting along with people.

▶ get on with sth: get on with sth은 ① "~이 …하게 되어 가다"(=get along with sth)와 ② "(특히 중단했다가) ~을[를] 계속하다"라는 뜻이다.

①의 예

I'm not getting on very fast with this job.
(난 이 일이 진도가 잘 안 나간다.)
Get on with life and don't sit back and mope.
(정신 차리고 살 생각 해. 가만히 앉아서 침울해하지 말고.)
Just buzz off and let me get on with my work.
(나 일 좀 하게 그냥 꺼져 줘.)
Be quiet and get on with your work.

②의 예

Be quiet and get on with your work.
(조용히 하고 일어나 계속해.)
Get on with it! We haven't got all day.
(그거나 계속해! 우리가 하루 종일 시간이 있는 게 아냐.)
Will you stop messing around and get on with some work?
(그만 빈둥대고 일을 좀 하지 그러냐?)
Stop talking and get on with your work.

▶ get out (of sth): get out (of sth)는 ① "알려지다", ② "~을[를] 생산해 내다{펴내다]", ③ "(간신히) 말하다"와 ④ "(~에서) 떠나다[나가다]"라는 뜻이다.

①의 예

If this gets out there'll be trouble.
(만약 이것이 알려지면 곤란해질 것이다.)
It's a chance to get the word out for the bureau.
(그 부서에 대한 소문을 퍼뜨릴 수 있는 기회이다.)
If word got out now, a scandal could be disastrous.
(이제 입소문이 나면 스캔들은 처참해질 수 있을 것이다.)
Once the news gets out that Armenia is in a very critical situation, I think the world will respond.

②의 예

Will we get the book out by the end of the year?
(우리가 올해 말까지 이 책을 펴내게 될까요?)
We try to get the magazine out as often as possible.
(우리는 가능한 한 자주 그 잡지를 펴낼려고 한다.)
I sincerely hope you will be able to get your book out soon.
(귀하께서 곧 저서 출간이 있으시길 저는 간절히 바랍니다.)
Tom hopes to get his new book out before the end of the year.

③의 예

He managed to get out a few words.

(그는 어렵게 몇 마마디 지껄일 뿐이었다.)

She managed to get out a few words of thanks.

(그녀는 간신히 몇 마디 고맙다는 말을 했다.)

The prisoner got out a few words in spite of his fear.

(그 죄수는 두려움에도 불구하고 간신히 몇 마디 말을 했다.)

The speaker was so nervous that he could hardly get out more than a sentence.

④의 예

Let's get out of here, huh?

(여기서 나가요, 네?)

She screamed at me to get out.

(그녀가 나에게 나가라고 소리를 질렀다.)

You ought to get out of the house more.

(당신은 집에서 외출을 더 많이 해야 해요.)

They probably wanted to get out of the country.

▶ get out of sth: get out of sth는 ① "(책임 · 임무를) 회피하다"와 ② "(습관을) 버리다"라는 뜻이다.

①의 예

I wish I could get out of going to that meeting.

(난 그 모임에 안 갈 수 있으면 좋겠다.)

We promised we'd go—we can't get out of it now.

(우리는 간다고 약속을 했다. 이제 와서 그것을 회피할 수는 없다.)

It's amazing what people will do to get out of paying taxes.

(세금을 안 내기 위해 사람들이 하려고 하는 짓들을 보면 정말 놀라울 따름이다.)

I just feel like I want to get out of this project.

②의 예

Old people find it hard to get out of their ruts.

(나이든 사람들은 판에 박힌 일상에서 좀처럼 벗어나기 힘들다.)

He planed special event to get out of the groove.

(그는 따분한 일상에서 탈피하기 위하여 특별한 이벤트를 계획했다.)

I can't get out of the habit of waking at six in the morning.

(나는 아침 여섯 시에 일어나는 습관을 버릴 수가 없다.)

I thought a change would help me get out of this rut.

▶ get over sth: get over sth은 ① "~을[를] 극복[처리]하다"(=overcome), ②"(질병·충격 등에서[을] 회복[극복]하다", ③ "(~에게) ~을[를] 분명히 전달하다[납득시키다]"와 ④ "(불쾌하지만 해야 할 일을) 해 내다[완료하다]"라는 뜻이다.

①의 예

She can't get over her shyness.

(그녀는 소심함을 극복하지를 못한다.)

I'm hurt by what you said and I can't get over it.

(나는 당신의 말에 상처받아서, 그것을 극복할 수 없습니다.)

I think the problem can be got over without too much difficulty.
(내 생각에는 별로 힘들이지 않고 그 문제를 처리할 수 있을 것 같다.)
How do you get over being sad?

②의 예

It took her ages to get over her illness.
(그녀는 병에서 회복하는 데 오랜 세월이 걸렸다.)
It took me more than a month to get over the flu.
(내 감기가 낫는데 한 달 이상 걸렸다.)
He was disappointed at not getting the job, but he'll get over it.
(그는 그 직장을 잡지 못해서 실망했지만 괜찮아질 것이다.)
He's a resilient person; so he'll get over the cold soon.

③의 예

Did your speech get over to the crowd?
(당신의 연설이 일반 대중들에게 분명히 전달되었나요?)
He didn't really get his meaning over to the audience.
(그는 자기가 뜻하는 바를 청중들에게 제대로 전달하지 못했다.)
We have got to get the message over to the young that smoking isn't cool.
(흡연이 좋지 않다는 메시지를 젊은이들에게 분명히 전달해야 한다.)
It takes an experience politician to get such an unpopular message over.

④의 예

We'll get it over with just as fast as possible.

(우리는 가능한 빨리 그냥 끝낼 것이다.)

I'll be glad to get the exam over and done with.

(시험을 다 치르고 나면 기쁠 것 같다.)

It took him years to get over the shock of his wife dying.

(그는 아내 죽음에 대한 충격을 극복하는데 여러 해가 걸렸다.)

He's a bit upset that she won't see him any more but he'll get over it.

▶ get over oneself: get over oneself는 "잘난[진지한] 척 그만하다"라는 뜻이다.

Just get over yourself and stop moaning!

(그냥 어지간히 잘난 척하고 그만 좀 투덜거려.)

He needs to grow up a bit and get over himself.

(그는 잘난 척 좀 그만하고 철이 들 필요가 있다.)

Some of you people need to get over yourselves.

(당신들 가운데 몇 사람들은 잘난 척을 그만할 필요가 있다.)

Get over yourselves and send both of them to a local school.

▶ get round/around sb: get round/around sb는 "(보통 상대방을 잘 해주어서) ~을 [를] 설득시키다"라는 뜻이다.

Max could always get around her.

(맥스는 항상 그녀를 구워삶을 수 있었다.)

She knows how to get round her dad.

(그녀는 자기 아빠를 설득시키는 법을 안다.)

It's no use, Holmes - you can't get round me like that.
(소용없네, 홈즈. 자네는 날 그렇게 설득할 수 없네.)
Tom could always get round her.

▶ get round/around sth : get round/around sth은 "(문제를 성공적으로) 해결[처리]하다"(=overcome)라는 뜻이다.
I'll get round to mending it eventually.
(내가 결국에는 그것을 수리하게 될 것이다.)
There is no way to get around the problem.
(문제를 해결할 수 있는 방법이 없다.)
A clever lawyer might find a way of getting round that clause.
(영리한 변호사라면 그 조항을 처리하는 방법을 찾아낼 것이다.)
None of these countries has found a way yet to get around the problem of the polarization of wealth.

▶ get round/around to sth : get round/around to sth은 "~을[를] 할 시간[짬]을 내다"라는 뜻이다.
Did you ever get around to actually doing it?
(진짜로 그것을 할 여유가 생겼던 거예요?)
I meant to do the ironing but I didn't get round to it.
(내가 다림질을 하려고 했는데 그럴 짬이 나지 않았다.)
I hope to get around to answering your letter next week.
(다음 주에는 네게 답장을 쓸 시간이 날 것 같아.)
Don't seem to get around to it.

▶ get through (sth) | get sth through (sth): get through (sth) | get sth through (sth)는 "(정식으로) 통과하다[~을[를] 통과시키다"라는 뜻이다.

They got the bill through Congress.

(그들은 그 법안을 의회에서 통과시켰다.)

Did you have to get through an entrance examination?

(당신은 입학시험에 통과했어야 했나요?)

Such a radical proposal would never get through Congress.

(굉장히 급진적인 제안은 결코 의회를 통과할 수 없었다.)

He would be very disappointed if his referendum law failed to get through.

▶ get through (to sb): get through (to sb)는 ① "(~에게) 가 닿다[전달되다]"와 ② "(전화로 ~와) 연락이 닿다"라는 뜻이다.

①의 예

That is what we are trying to get through to you.

(그것이 우리가 자네에게 전달하려고 노력한 것이야.)

You have to get through to her before it's too late.

(자네는 너무 늦기 전에 그녀에게 도착해야 하네.)

Thousands of refugees will die if these supplies don't get through to them.

(이 보급품들이 그들에게 전달되지 않으면 수천 명의 난민들이 죽게 될 것이다.)

Perhaps, in time, the message will get through.

②의 예

Look, I can't get through to this number.

(보세요, 이 전화번호로는 연락이 안 됩니다.)

I have no idea how I could get through to her.

(어떻게 하면 내가 그녀와 연락할 수 있을런지 모르겠다.)

I tried calling you several times but I couldn't get through.

(내가 당신에게 여러 차례 전화를 했는데 연락이 되지 않았어요.)

I cannot get through to him by phone.

▶ get through (to sth) : get through (to sth)는 "(운동선수나 팀이 시합의 다음 단계로) 진출하다"라는 뜻이다.

Moya has got through to the final.

(모야가 결승전에 진출했다.)

I never expected to get through to the finals.

(결승전에까지 진출할 줄은 나는 결코 기대하지 못했다.)

England was lucky to get through the preliminaries.

(잉글랜드 팀은 운 좋게 예선전을 통과했다.)

Our team will get through the preliminaries hands down.

▶ get through to sb : get through to sb는 "(특히 도와주겠다는 뜻을) ~에게 납득[이해]시키다"라는 뜻이다.

I find it impossible to get through to her.

(나는 그녀를 납득시키는 것이 불가능하다고 본다.)

I don't seem to be able to get through to him.

(나는 그를 이해시킬 수 없을 것 같다.)

We can't get through to the government just how serious the problem is!

(우리는 단지 그 문제가 얼마나 심각한지를 정부에 납득시킬 수 없다!)

An old friend might well be able to get through to her and help her.

▶ get through with sth: get through with sth은 "(과제를) 끝내다[완료하다]"라는 뜻이다.

Do you think we'll ever get through with it?

(과연 우리가 이 일을 끝낼 수 있긴 있을까?)

When do you expect to get through with your work?

(당신은 하시는 일을 언제 마무리할 예정이십니까?)

When will you get through with the finishing touches?

(당신은 최종 마무리를 언제 끝내려고 하세요?)

I wanted to get through with as much business as possible this morning.

▶ get sb/sth together: get sb/sth together는 "~을[를] 모으다"라는 뜻이다.

The government should get its act together.

(정부는 일관성을 가지고 효율적으로 움직여야 한다.)

I'm trying to get a team together for Saturday.

(내가 토요일에 한 팀을 모아 보려고 해.)

He needs to get his act together if he's going to pass.

(그는 합격하려면 자세를 가다듬을 필요가 있다.)

Actually, I'm trying to get some evidence together.

▶ get together (with sb): get together (with sb)는 "(~와) 만나다"라는 뜻이다.

We'll get together next week, OK?

(우리는 다음 주에 만나는 거야, 알았지?)

We must get together for a drink sometime.

(우리 언제 만나서 한 잔 해야죠.)

Management should get together with the unison.

(경영진이 노조측과 만나야 한다.)

Every week they get together to make music.

▶ get up: get up은 ① "(앉거나 누워 있다가) 일어나다[일어서다]"(=rise), ② "(잠자리에서) 일어나다(~을[를] 깨우다", ③ "~을[를] 준비[조직]하다"와 ④ "(바다 · 바람이) 거세지다[거칠어지다]"라는 뜻이다.

①의 예

Oh, my belly is too heavy. I can't get up!

(오, 내 배가 너무 무거워. 난 일어날 수가 없어!)

The class got up when the teacher came in.

(선생님이 들어가자 학생들이 자리에서 일어섰다.)

Get up and go out if you want to stay healthy!

(당신이 건강을 지키고 싶다면 일어나서 밖으로 나가세요!)

She waited for him to get up, but he didn't move.

②의 예

He always gets up early.

(그는 항상 일찍 일어난다.)

Could you get me up at 6: 30 tomorrow?
(내일 여섯 시 삼십 분에 저 좀 깨워 주시겠어요?)
If you get up early, try not to disturb everyone else.
(일찍 일어나면 다른 모든 사람들에게 방해가 되지 않도록 해라.)
There is no need for you to get up early tomorrow.

③의 예

We're getting up a party for her birthday.
(우리가 그녀의 생일 파티를 준비하고 있다.)
His election campaign is beginning to get up steam.
(그의 선거 운동이 차츰 박차를 가하기 시작하고 있다.)
The church is getting up a sale to collect money for the homeless children.
(그 교회는 집이 없는 아이들을 위해 기금을 모으기 위해 세일을 준비하고 있다.)
He's getting up a small group to go carol-singing for charity.

④의 예

The wind is getting up.
(바람이 거세지고 있다.)
There's a wind getting up, I hope the boats are safe.

▶ get up to sth : get up to sth은 ① "~에 이르다[~까지 나아가다]"와 ② "(장난 등을) 벌이다[하느라 바쁘다]"라는 뜻이다.

①의 예

I could not get up to him.
(나는 그를 따라 잡을 수 없었다.)
We got up to page 72 last lesson.
(우리가 지난 수업 시간에 칠십이 쪽까지 나갔다.)
The temperature can get up to 40 degrees in Sydney.
(시드니에서 온도는 사십 도까지 올라갈 수 있어요.)
We'll soon get up to the others.

②의 예

What on earth will he get up to next?
(도대체 그가 다음번에는 무슨 짓을 벌일까?)
Whatever will the students get up to next?
(도대체 학생들의 다음번에는 무슨 짓을 벌일까?)
She's been getting up to her old tricks again!
(그녀가 또 자기의 오래된 속임수를 써 먹느라 바빠!)
They get up to all sorts behind your back.

6 hire와 rent의 차이

hire는 특히 영국영어에서 ① "(단기간) 빌리다[세내다]"라는 뜻으로 쓰이고, 특히 미국영어에서 ② "(사람을) 고용하다"라는 뜻으로 쓰인다. 이 외에 hire는 ③ "(단기간 동안 특정한 일을 하도록 사람을) 쓰다[고용하다]"라는 뜻으로 쓰인다. 그러니까 hire는 영국영어에서 '한 번 지불함으로써 보통 짧은 기간 동안 옷, 회의장, 자전거나 낚시대 등을 빌리거나 세내는' 경우에 쓰인다.

rent는 ① "(집세 · 사용료 등을 내고) 세내다[임차하다]", ② "(집세 · 사용료 등을 받고) 세놓다[임대하다]", ③ 특히 미국영어에서 "(사용료를 내고 단기간) 빌리다", ④ 미국영어에서 "(특정한 사용료를 내고) 세낼[빌릴] 수 있다"와 ⑤ "갈기갈기 찢다, 쪼개지다, 나눠지다, 뿔뿔히 흩어지다"라는 뜻이다. 그러니까 rent는 '연속해서 지불함으로써 보통 긴 기간 동안 집, 가게, 아파트나 텔레비전 등을 세내거나 임대를 하는' 경우에 쓰인다.

〈hire의 경우〉

①의 예

to hire a car/room/video(자동차/방/비디오를 빌리다)

I hired a boat to see the fireworks.

(나는 불꽃놀이를 보기 위해 보트를 세냈다.)

And can I hire a car when I get there?

(제가 거기 가면 차를 빌릴 수 있나요?)

If you decide to hire a car, bring booster seats.

(만약 차를 빌리기로 결정했다면, 어린이용 보조의자를 가지고 오세요.)

Parents can hire function room to serve own food.

(부모들은 자신들의 음식을 차려내는 대연회장을 빌릴 수 있다.)

You can hire a car if you want to explore further afield.
(더 먼 곳으로 탐험하고 싶으면 자동차를 한 대 빌리면 된다.)
Why buy a wedding dress when you can hire one?
Herr Platzer showed us where we could hire bicycles.

②의 예
She was hired three years ago.
(그녀는 삼 년 전에 고용되었다.)
I'd like to hire him permanently.
(저는 그를 정식 직원으로 채용했으면 좋겠어요.)
Will you need to hire new people?
(신입사원들을 채용하실 건가요?)
We had to hire maids through an agency.
(우리는 직업소개소를 통해 가정부를 고용해야 했다.)
We have to hire some more workers for the factory.
(우리는 공장에서 일할 근로자를 좀 더 채용해야 합니다.)
I don't even know why we hired this guy.
That's why I hire people from your culture.

③의 예
to hire a lawyer(변호사를 선임하다)
Could we hire a translator?
(우리는 번역사를 채용할 수는 없나요?)
It would probably pay you to hire an accountant.
(회계사를 고용하는 것이 당신에게 이득이 될 것이다.)
Unfortunately, we can't afford to hire any temporary staff.
(그렇다고 우리는 임시 직원을 채용할 형편도 안 되네요.)

They hired a firm of consultants to design the new system.
(그들은 자문 회사에 의뢰해서 새 시스템을 설계하도록 했다.)
Why don't you hire a temporary worker to help you unpack?
(짐 푸는 것을 도와 줄 임시 직원을 채용하는 것이 어때요?)
The rest of the staff have been hired on short-term contracts.
Sixteen of the contestants have hired lawyers and are suing the organisers.

◈ 구동사(phrasal verb)로 hire sth out와 hire out sb가 있다.

▶ hire sth out: hire sth out는 "(돈을 받고 단기간)~을[를] 빌려주다[대여하다]"라는 뜻이다.
She hired out that house.
(그녀는 그 집을 임대했다.)
How much is it to hire out a boat?
(보트의 임대료는 얼마입니까?)
The club will hire out tennis rackets to guests.
(그 클럽은 테니스 라켓을 손님들에게 대여할 것이다.)
Eventually, I found someone willing to hire out a limo.
Companies hiring out narrow boats report full order books.

▶ hire out sb: hire out sb는 "고용하다, 고용시키다"라는 뜻이다.
They hire musclemen out.
(그들은 돈을 주고 폭력단원들을 고용했다.)
He hired himself out to whoever needed his services.
(그는 자기 서비스를 필요로 하는 사람이면 누구를 위해서든 일을 해 주었다.)

Temporary agencies hire out workers to other companies.

(인력파견업체는 다른 회사들에게 직원들을 파견해 준다.)

The agency hires out cleaning staff.

He had been hired out to them as an expert.

◈ hire는 명사로 ① 특히 영국에서 "(돈을 주고 단기간) 빌림[세 냄], 대여[임대](받음)"와 ② 특히 미국에서 "(회사의) 신입사원"이란 뜻으로도 쓰인다.

①의 예

a car hire firm(렌터카 회사), a hire car(렌터카), bicycles for hire, £2 an hour(자전거 대여, 시간당 이 파운드)

The price includes the hire of the hall.

(그 가격에는 홀 대여료도 포함되어 있다.)

All hire cars are for personal use only.

(모든 렌터카는 개인적인 용도로만 이용 가능합니다.)

We're buying a new cooker on hire purchase.

(우리는 새 레인지를 할부로 구입하려 한다.)

There are no car hire companies at the airport.

(공항에서 운영되는 렌트카 업체는 없습니다.)

The costumes are on hire from the local theatre.

(의상은 지역 극장에서 빌려준다.)

Do you keep boats on hire?

Hire of skis, boots and clothing are all available.

②의 예

conducts monthly progress review with new hire(신입 사원과 함께 매월 진행상황 검토)

New hires go through a training program.

(신입 사원들은 연수를 받는다.)

A new hire would not have the experience.

(신입사원들은 그런 경험을 갖지 못 할 것이다.)

How many new hires did we have this month?

(이번 달에 새로 채용된 사람들이 몇 명이나 되었죠?)

Two new hires start on Monday, and another one on Wednesday.

(신입 사원 두 명은 월요일부터 출근하고, 또 한 명은 수요일부터 출근한다.)

During their initial 90-day probationary period, all new hires are considered "temporary contract workers."

(처음 구십 일 간의 수습 기간 동안 모든 신입 사원들은 "임시 계약직 사원"으로 간주된다.)

Employers looking for new hires usually call the Employment Office.

Samsung Heavy Industry recruited science majors for over 90% of its new hires.

〈rent의 경우〉

①의 예

* 주로 rent sth (from sb) 형태로 쓰인다.

to live in rented accommodation/housing/property(셋방[셋집]/셋집/임차한 건물에서 살다)

Who do you rent the land from?
(그 토지는 누구에게서 임차하는 건가요?)
I'd like to rent a car for the weekend.
(나는 주말 동안 자동차를 빌리려고 하는데요.)
Do you own your house or do you rent it?
(당신은 집을 소유하고 계세요 아니면 세를 들어 사세요?)
I'd like to rent a compact car for four days.
(나는 나흘간 소형차를 빌리고 싶은데요.)
Child car seats only cost about $10 a week to rent.
(아동용 카시트를 빌리는 비용이 일주일에 십 달러에 불과하다.)
She rents a house with three other girls.
There are plenty of offices to rent in the town centre.

②의 예

* 주로 rent sth (out) (to sb) 형태로 쓰인다.

She agreed to rent me the room.
(그녀는 내게 그 방을 세놓겠다고 했다.)
The land is rented out to other farmers.
(그 토지는 다른 농부들에게 임대된다.)
He rents rooms in his house to students.
(그는 자기 집의 방을 학생들에게 세놓는다.)
We've decided to rent out our spare room.
(우리는 남는 방을 세놓기로 결정했다.)
I never rent short-term, and I don't rent to strangers.
(단기 임대는 해본 적이 없고, 낯선 사람들에게는 임대를 하지 않는다.)
He repaired the boat, and rented it out for $150.

Last summer Brian Williams rented out his house and went camping.

③의 예

Shall we rent a movie this evening?
(오늘 저녁에 영화 한 편 빌려 볼까?)
If I rent it for a week or more, can I get a discount?
(저가 일주 일 이상 빌리면 할인 받을 수 있습니까?)
We rented a car for the week and explored the area.
(우리는 그 한 주 동안 자동차를 한 대 빌려 그 지역을 탐사했다.)
Bikes are available to rent in several towns and cities.
(자전거는 여러 마을과 도시에서 빌릴 수 있다.)
She got a bank loan to rent and equip a small workshop.
(그녀는 작은 작업장을 하나 빌려 장비를 갖추려고 은행 융자를 얻었다.)
You can even rent the sauna for three hours.
Will I need to rent a car while I'm in New York?

④의 예

I want to rent this car for one month.
(저는 이 차를 한 달 간 빌리고 싶습니다.)
You can rent a tuxedo for five dollars.
(오 달러 주면 턱시도를 세낼 수 있다.)
The apartment rents for $500 a month.
(그 아파트는 한 달에 오백 달러를 주고 세낼 수 있다.)
Yes, and we can rent conference rooms there too.
(맞아요, 거기서 회의실도 빌릴 수 있죠.)

How much would it be to rent this car for one month?
(이 차를 일 개월 빌리면 얼마가 듭니까?)
No, I'm going to rent a car and drive to Irving.
Should people be able to rent pets when they are bored?

⑤의 예

a country rent in two by civil war(내전으로 두 동강 난 나라), families rent asunder by the revolution(그 혁명으로 뿔뿔이 흩어진 가족들)
Shouts of joy rent the air.
(환호소리가 하늘을 울렸다.)
Her heart was rent with grief.
(그 여자의 마음은 슬픔으로 갈기갈기 찢겼다.)
They rent their clothes in grief.
(그들은 비탄에 빠져 그들의 옷을 찢어발겼다.)
The tree was rent by a bolt of lightning.
(나무는 벼락을 맞아서 쪼개졌다.)
Korea was rent in two by war.

◈ rent는 명사로 ① "집세, 방세, 지대, 임차료", ② 격식을 차리는 경우에 특히 미국 영어에서 "사용료, 임대료"(=rental)와 ③ "(옷 · 직물의) 찢어진 곳"이란 뜻으로 쓰인다.

①의 예

a high/low/fair rent(높은/낮은/적정한 집세[임차료], a month's rent in advance(한 달 치 집세[임차료] 선불), a rent book(집세[임차료] 장부)

The landlord has put the rent up again.

(집주인이 집세를 다시 올렸다.)

How much rent do you pay for this place?

(이 집[방]에 대한 집세[방세]는 얼마나 내시나요?)

I enclosed a check in the envelope with my rent bill.

(나는 봉투 속에 집세 청구서와 수표를 함께 넣었다.)

They spend their money on things like rent and groceries.

(그들은 집세나 식료품 같은 것에 돈을 쓴다.)

The property is for rent with an option to buy at any time.

(그 소유지는 언제든 구입할 수 있다는 옵션과 함께 세를 놓는다.)

They've put up the rent by £20 a month.

You'll be thrown out if you don't pay the rent.

②의 예

How much do you pay rent?

(당신은 임대료로 얼마를 내세요?)

The rent is due at the end of the month.

(임대료는 월말에 지불되어야 한다.)

Did we send out the rent check this month?

(우리가 이번 달 임대료 부쳤어요?)

He struggled to pay the rent on his $88 a month tenement.

(그는 한 달에 88 달러의 공동 주택비용을 내기 위해 고분군투 했다.)

The extra income has meant Phillippa can tuck away the rent.

(추가 소득 덕분에 필리파는 임대료를 따로 모을 수 있다.)

She worked to pay the rent while I went to college.

Traders in Marble Arch are facing huge rent increases.

③의 예

After he'd climbed over the fence he noticed a rent in his coat.

(그가 울타리를 올라서 넘고 난 후 그는 그의 외투에 찢어져 있는 곳을 알았다.)

▶ rent가 숙어로 for rent가 있다.

❇ for rent : for rent는 "(특히 미국영어에서)(임대함[세놓음])"이란 뜻으로, 이 표현은 특히 게시문에서 쓰인다.

Rooms for Rent !
(임대할 방 있음!)
There is an apartment for rent.
(임대용 아파트가 하나 있다.)
I'm calling about the apartment you have for rent.
(저는 당신이 임대한 아파트에 대해서 궁금한 점이 있어 전화를 걸었습니다.)
Don't care about what he says as he has a room for rent.
(그는 골 빈 녀석이므로 그가 무엇을 말하는지 신경 쓰지 마라.)
The property is for rent with an option to buy at any time.
(그 소유지는 언제든 구입할 수 있다는 옵션과 함께 세를 놓는다.)
Apartments for Rent.
I have put up this room for rent.

7 inhabit과 occupy의 차이

inhabit는 "(특정 지역에) 살다[거주/서식]하다"라는 뜻으로 쓰인다. occupy는 ① "(공간 · 지역 · 시간을) 차지하다"(=take up), ② "(방 · 주택 · 건물을[에]) 사용하다[주거하다]", ③ "점령[점거]하다", ④ "(~하느라/~으로) …을[를] 바쁘게 하다, (~이) ~의 시간을 차지하다"와 ⑤ "(공직을) 맡다"라는 뜻으로 쓰인다.

inhabit는 '특히 긴 시간 동안 또는 영구히 어떤 장소나 지역에 사는' 경우에 쓰인다. occupy는 '어떤 일정한 기간의 시간 동안 방, 집 또는 건물을 사용하거나 사는' 경우에 쓰인다.

〈inhabit의 경우〉

some of the rare species that inhabit the area(그 지역에 서식하는 희귀종 몇 가지)

How many people inhabit this place?

(얼마나 많은 사람들이 이곳에 살까?)

Many creatures inhabit this marsh area.

(이 늪지대에는 많은 동물들이 서식하고 있다.)

A large number of squirrels inhabit this forest.

(이 숲에는 수많은 다람쥐가 살고 있다.)

Several species of rare animal inhabit the island.

(그 섬에는 여러 종의 희귀 동물이 서식하고 있다.)

These birds and animals inhabit the tropical forests.

(이 새들과 동물들은 열대 우림에 서식한다.)

More than 120 cats and just 22 people inhabit the small island.

(백이십 마리 이상의 고양이와 스물두 명의 사람들이 그 작은 섬에서 살고 있습니다.)

Penguins inhabit the coastal regions of the southern hemisphere.
(펭귄은 남반구의 해안 지역에 서식한다.)
In the center of Rome, a million residents inhabited.
Jeremy Lewis has inhabited Grub Street for the past 40 yea
Since we all inhabit the earth, all of us are considered earthlings.

◈ inhabit의 낱말 가족(word family)으로 명사와 형용사가 있다. 명사로 inhabitant ((특정 지역의) 주민[서식 동물])와 habitation(① "거주, 주거"와 ② "(사람들이 사는) 거주지, 부락")이 있다. inhabit의 형용사로 inhabited((사람 · 동물이) 사는, (사람이) 거주하는, (동물이) 서식하는), uninhabited(살이 살지 않는, 무인의)와 habitable((장소가 사람이) 주거할 수 있는)이 있다.

▶ <inhabitant의 경우>
a town of 11,000 inhabitants(주민이 만천 명인 소도시), the oldest inhabitant of the village(그 마을 주민 가운데 최고령자)
He is the oldest inhabitant on St. Helena.
(그는 세인트헬레나 섬에서 가장 나이가 많은 거주민입니다.)
The inhabitants have to walk a mile to fetch water.
(주민들은 물을 길어 오기 위해 일 마일을 걸어가야 한다.)
They have been inhabitants of these marine environments for 45 million years.
(그것들은 사천오백만 년 동안 이 해양 환경의 서식 동물이었다.)
Inhabitants of the flooded district were brought to a safe area.

▶ <habitation의 경우>

①의 예

The houses were unfit for human habitation.

(그 집들은 사람이 거주하기에 적합하지 않았다.)

There was no sign of habitation on the island.

(그 섬에는 사람의 거주 흔적이 전혀 없었다.)

Existing houses are becoming totally unfit for human habitation.

(기존 주택들이 사람이 거주하기에 완전히 부적합해지고 있다.)

They looked around for any signs of habitation.

②의 예

The road serves the scattered habitations along the coast.

(이 도로는 해안을 따라 흩어져 있는 부락들이 이용한다.)

Deerlike figures made from willow shoots are the oldest evidence of human habitation in the Grand Canyon.

(버드나무 가지로 만들어진 사슴을 닮은 형체들은 그랜드 캐니언에 사람이 산 거주지의 가장 오래된 증거이다.)

The comforts of modern life are never far away even if the feeling is that one is hundreds of miles from other habitations.

(비록 누군가 다른 거주지에서 수백 마일 떨어져 있다고 느낄지라도 현대 삶의 안락함은 결코 먼 곳에 있지 않습니다.)

Her building remained standing but had serious cracks and was not safe for habitation.

▶ <inhabited의 경우>

The island is no longer inhabited.

(그 섬에는 더 이상 사람이 살지 않는다.)

The building is now inhabited by birds.

(그 건물에는 이제 새들이 살고 있다.)

This planet was once an inhabited world.

(이 행성에 한 때 생명체가 살았었다.)

The Russian village, Oymakon, is known as the world's coldest inhabited city.

▶ <uninhabited의 경우>

"살이 살지 않는, 무인의"의 뜻은 형용사가 uninhabitable이 아니고 uninhabited이다.

I just love uninhabited islands.

(난 그냥 무인도가 좋다.)

The island is presently uninhabited.

(그 섬에는 현재 사람이 살지 않는다.)

This week a survivor and three bodies were found on an uninhabited island.

(이번 주에 생존자 한 명과 세 구의 시체가 무인도에서 발견되었다.)

The mountain ranges remained uninhabited until French missionaries built large churches on the slopes.

▶ <habitable의 경우>

The house should be habitable by the new year.

(신년까지는 그 집에 사람이 주거할 수 있게 해야 한다.)

Mars is the only planet in the solar system which is nearly habitable.

(화성은 태양계에서 거의 인간이 살 수 있는 유일한 행성이다.)

Scientists believe that the potentially habitable planet may have an atmosphere as well.

(과학자들은 잠정적으로 거주하기에 적당한 이 행성이 공기도 갖고 있을 수 있다 고 믿는다.)

Making the house habitable was a major undertaking.

〈occupy의 경우〉

①의 예

The bed seemed to occupy most of the room.

(침대가 그 방의 대부분을 차지하고 있는 것 같았다.)

How much memory does the program occupy?

(그 프로그램이 메모리를 얼마나 차지하지?)

Administrative work occupies half of my time.

(행정적인 일이 내 시간의 절반을 차지한다.)

Even small aircraft occupy a lot of space.

②의 예

We occupy a house with three rooms.

(우리는 세 개의 방이 있는 집에 주거한다.)

He occupies an office on the 12th floor.

(그는 십이 층에 있는 사무실을 쓰고 있다.)

When does Mr. Mackenzie plan to occupy his new house?

(맥캔지 씨는 언제쯤 새 집을 빌릴 계획인가?)

Frances invited them to occupy the upstairs of her home.

③의 예

Protesting students occupied the TV station.

(시위중인 학생들이 텔레비전 방송국을 점거했다.)

U.S. forces now occupy a part of the country.
(미군이 현재 그 나라의 일부를 점령하고 있다.)
The capital has been occupied by the rebel army.
((그 나라) 수도가 반란군들에게 점령되었다.)
We don't necessarily have to invade and occupy Syria.

④의 예

a game that will occupy the kids for hours(아이들의 시간을 몇 시간이고 차지할 게임)
He occupied himself with packing the car.
(그는 바쁘게 차에 짐을 실었다.)
She occupied herself with routine office tasks.
(그녀는 늘 하는 사무실 일을 하느라 바빴다.)
Problems at work continued to occupy his mind for some time.
(직장에서의 문제들이 한동안 그의 마음에서 계속 떠나지 않았다.)
Children occupy their free time with their toys and games.

⑤의 예

He is unfit to occupy the position.
(그는 그 직책을 갖기에는 부적당하다.)
The president occupies the position for four years.
(회장은 사 년 동안 그 직책을 맡게 된다.)
Many men still occupy more positions of power than women.
(여전히 많은 남자들이 유력한 자리를 여자들보다 더 많이 차지하고 있다.)
He occupies an important post in the company.

8 look과 see의 차이

look과 see는 특정한 방향으로 눈길을 보내는 것을 나타내면서 "보다, 바라보다"라는 점에서 비슷하게 보인다. 그렇지만 이 두 개의 동사는 다양하게 쓰이면서 어떤 면에서 차이가 나는 것이 사실이다. look은 ① "보다, 바라[쳐다]보다", ② "(발견하기 위해) 찾다, 찾아보다", ③ "(관심을 기울여서) 보다", ④ "…해[처럼] 보이다, (보기에) …한 것 같다", ⑤ "(겉으로 보기에) …인 것 같다", ⑥ "마치 …인 것 같다"와 ⑦ "(특정 방향으로) 보다[향하다]"라는 뜻으로 쓰인다.

see는 ① "(눈으로) 보다, (보고) 알다, 목격하다", ② "(시력을 이용하여) 앞을 보다[볼 수 있다]", ③ "(경기 · 방송 · 공연 등을) 보다[구경하다]", ④ "(정보가 있는 곳으로) 보라", ⑤ "(사람을 우연히) 보다[만나다]", ⑥ "방문하다, 보러[찾아] 가다", ⑦ "(논의 등을 위해 사람을) 만나다[보다]", ⑧ "(애인으로) 만나다", ⑨ "알다, 이해하다", ⑩ "(…라고) 보다(생각 · 판단하다)", ⑪ "(…일 것으로) 보다[예상하다]", ⑫ "(알아) 보다", ⑬ "두고 보다, 생각해 보다", ⑭ "확인하다, 살피다", ⑮ "겪다, 보다", ⑯ "<때를 나타내는 명사를 주어로 써서 그때가 어떤 일이 있는 때임을 나타냄>", ⑰ "<장소를 주어로 써서 그 장소에서 어떤 일이 행해짐을 나타냄>"(=witness)과 ⑱ "(함께 가면서) 도와주다, 배웅하다, 바래다주다"라는 뜻으로 쓰인다.

look은 보통 '(특정한 방향으로) 보거나 바라보거나 쳐다보는' 경우에 쓰인다. see는 '확인함으로써 알아내거나 알게 되는' 경우에 쓰인다.

〈look의 경우〉

①의 예

Look! I'm sure that's Brad Pitt!

(봐! 저 사람은 분명 브래드 피트야!)

Don't look now, but there's someone staring at you!

(지금 쳐다보지는 마. 누군가가 널 주시하고 있어!)

If you look carefully you can just see our house from here.
(당신이 자세히 보면 여기서 우리 집이 보이기는 해요.)
A: Has the mail come yet?
B: I'll look and see.
(A: 우편물 왔니?
B: (왔는지) 한 번 볼게요.)
If you look, you'll see what was a lake.

②의 예

Look it up in the index.
(색인에서 그것을 찾아보라.)
Are you still looking for a job?
(당신은 아직도 직장을 찾으세요[구하고 계세요]?)
Where have you been? We've been looking for you.
(너 어디 갔다 왔니[갔었니]? 우리가 찾았잖아.)
I can't find my book—I've looked everywhere.

③의 예

Look at the car in the picture!
(그림 속의 차를 보세요!)
Can't you look where you're going?
(길 좀 제대로 보고 다닐 수 없어?)
Look at the time! We're going to be late.
(시간[시계] 좀 봐! 우리가 늦겠어.)
Look at that guy over there, Lila.

④의 예

* 이 때 look은 연결동사로 보어를 취한다. look은 look (to sb) like sb/sth의 형태로 많이 쓰인다.

to look pale/happy/tired(창백해/행복해/피곤해 보이다.)

That book looks interesting.

(저 책은 재미있을 것 같다.)

That book looks like interesting.

(저것은 재미있는 책 같다[같아 보인다].)

You made me look a complete fool!

(넌 나를 완전히 바보처럼 보이게 만들었어!)

Look at the picture. They look like they're having fun!

⑤의 예

* 이런 뜻으로 쓰일 때는 look like sb/sth | look (to sb) as if.../as though...와 같은 형태로 표현한다.

It looks like rain.

(비가 올 것 같다.)

She looks like she's put on weight.

(그녀는 살이 좀 찐 것 같다.)

That photograph doesn't look like her at all.

(저 사진은 전혀 그녀 같지가 않다.)

You look like you slept badly.

You looked as if you were dead.

(마치 죽은 사람의 얼굴빛이었다.)

He looked as if he had seen a ghost.

(그는 마치 귀신이라도 본 사람 같았다.)

You look as if you haven't got a care in the world!
(당신은 이 세상에 근심이라고는 하나 없는 사람 같군요!)
This place looks as if it hasn't been used for years.

You look as though you slept badly.
(너 잠을 제대로 못 잔 것 같구나.)
You look as though you've been in a fight.
(넌 마치 싸운 사람처럼 보여.)
It looked as though it might rain at any minute.
(당장이라도 비가 내릴 것 같았다.)
It looks as though the weather is going to turn nasty again.

* 이런 뜻일 때 입말체(구어체) 영어에서는 as if나 as though 대신에 like를 흔히 쓴다. 이것은 특히 미국영어에서 그러하다.

⑥의 예

이때는 look (to sb) as if .../as though... | look (to sb) like의 형태로 표현된다. look (to sb) like는 주로 미국영어에서 쓰이는데, 영국영어에서는 이런 표현을 옳지 못한 것으로 본다.

It looks as if that era is over.
(그 시대가 끝난 것처럼 보인다.)
It does look as if the very crisis is here.
(바로 위기가 도래한 듯이 보인다.)
It doesn't look as if we'll be moving after all.
(마치 우리가 결코 이사를 가지 않을 것 같다.)
Well, it looks as if there's been an explosion.

You look as though you didn't know me.
(넌 마치 내가 누군지 모르는 것처럼 보여.)
It looks as though it's all up with us now.
(제 우린 완전히 끝장난 것 같다.)
They look as though they're heading for divorce.
(그들이 이혼 쪽으로 치닫고 있는 것 같다.)
At one stage it looked as though they would win.

Some people just look like they belong.
(어떤 사람들은 정말 마음이 잘 맞는 것 같아요.)
You look like you are in a good mood today.
(당신은 오늘 기분이 아주 좋아 보인다.)
It doesn't look like we'll be able to participate.
(우리가 참여할 수 있을 것 같지 않아요.)
It doesn't look like what should happen now.

⑦의 예

The house looks east.
(그 집은 동쪽을 향하고 있다[동향이다].)
The hotel looks out over the harbour.
(그 호텔은 항구를 내려다보고 있다.)
Nine windows looked out over the sculpture gardens.
(아홉개의 창문은 조각 정원을 내려다보고 있었다.)
The castle looks over private parkland.

◈ look의 숙어로 be just looking, be looking to do sth, look bad | not look good, look good, look how/what/who..., look sb up and down, look oneself와 to look at sb/sth 등이 있다.

▶ be just looking: be just looking은 "(상점에서 하는 말로) 그냥 둘러보다"란 뜻이다.

I am just looking.
(저는 그저 구경 좀 하고 있습니다.)
He was just looking in the window.
(상점 진열창 안에 있는 것들을 그냥 둘러보았어요.)
A: Can I help you?
B: I'm just looking, thank you.
(A: 뭐 도와드릴까요?
B: 아니 괜찮아요. 그냥 둘러보는 거예요.)
A: What do you want?
B: I am just looking.

▶ be looking to do sth: be looking to do sth은 "~할 길을 찾고[모색하고] 있다"라는 뜻이다.

Vietnam is looking to do this.
(베트남은 이것을 할 길을 모색하고 있다.)
The government is looking to reduce inflation.
(정부에서는 인플레이션을 줄일 길을 찾고 있다.)
Everyone is looking to find where Japan went wrong.
(모두들 어디에서부터 일본이 빗나갔는가를 알아내려고 하고 있다.)
I'm looking to expand my horizons.

▶ look bad | not look good: look bad | not look good은 ① "(행동·예의상) 좋아 보이지 않다"와 ② "(~에게) 좋지 않은 것 같다(~에게 좋지 않은 일이 있을 것 같음을 나타냄)"라는 뜻이다.

①의 예

Besides it makes Korea look bad.
(한국의 이미지만 좋지 않게 할 뿐이야.)
I'm tired of making you look bad.
(나는 당신을 나쁘게 보이게 만드는 것에 질렸다.)
It looks bad not going to your own brother's wedding.
(자기 친 오빠[형/남동생]의 결혼식에 안 가는 것은 좋아 보이지 않는다.)
If things look bad, I'll let you know.

②의 예

But you did not look good.
(하지만 당신은 좋아 보이지 않았다.)
That face of teacher does not look good on you.
(선생님의 그런 얼굴이 너한테는 마음에 들지 않아 보이네.)
Lately, they do not look so good, and really stink, too.
(최근에 그것들의 상태가 그리 좋아 보이지 않는데다, 심한 악취까지 난다.)
Why do you look bad?
(너 왜 그렇게 안 좋아 보이니?)
You don't look bad, you look very nice.
(넌 안 나빠 보여, 정말 멋져 보여.)
He's had another heart attack; things are looking bad for him, I'm afraid.
(그가 또 심장마비를 일으켰어. 그가 상태가 안 좋은 것 같애.)

They rarely look bad in a dress.

And the new skin often does not look good.

▶ look good: look good은 ① "좋다[성공적이다]; 좋아 보이다[성공할 것 같다]"와 ② "어울리다"라는 뜻이다.

①의 예

The chances look good.

(가망이 있다.)

Our chances do not look good.

(우리에게 그다지 승산이 있어 보이지 않았다.)

This year's sales figures are looking good.

(올해는 매출 실적이 좋아 보인다.)

Our sales figures look much better this month, but we're not out of the woods yet.

②의 예

Pink doesn't look good on me.

(나는 분홍색이 안 어울린다.)

I'm afraid it doesn't look good.

(내 생각에는 별로 좋아보이진 않아 보여.)

Darling, you look good in that silk tie.

(여보, 그 실크 넥타이 당신한테 무척 잘 어울리네요.)

This doesn't look good on me.

▶ look how/what/who...: look how/what/who...는 "…을[를] 한번 보아라(자기가 하는 말을 증명하거나 분명히 해 줄 예를 들 때 씀)"라는 뜻이다.

Look how lazy we've become.

(우리가 얼마나 게을러졌는지 한번 봐.)

Look how young my mother looks.

(우리 어머니가 얼마나 젊어 보이시는지 좀 봐라.)

Look how many weeds grew in the garden!

(정원에 잡초가 얼마나 많이 자랐는지 좀 봐!)

Look what I've found!

(내가 뭘 찾았는지 한번 봐!)

Look what he's turned into since he took up yoga.

(그가 요가 수업을 듣고 어떻게 됐는지 좀 봐!)

Be careful climbing that ladder. Look what happened last time.

(그 사다리 올라갈 때 조심해. 지난번에 무슨 일이 있었는지 한번 (생각해) 봐.)

Look who was telling the truth.

(누가 진실을 말했었는지 봐.)

Look who I'm telling this to!

(내가 이 말을 누구한테 하는지 봐!)

Look who stands before us, brothers!

(형제들이여! 누가 감히 우리에게 대적하는지 보라!)

Look how cool my new smart phone is!

Look what the US is doing in middle east.

Look who turned out to be a sweetie after all.

▶ look sb up and down : look sb up and down은 "~을[를] 아래위로 훑어보다"라는 뜻이다.

I looked up and down the corridor.
(나는 복도를 아래위로 훑어보았다.)

I just looked up and down the whole train.
(나는 단지 기차 전체를 이쪽저쪽 훑어보았다.)

I looked up and down, but couldn't find my watch.
(나는 샅샅이 뒤져봤지만 내 손목시계를 찾을 수 없었다.)

He looked up and down the rain-swept street.

▶ (not) look oneself : look oneself는 "(겉보기에 건강이) 평상시와 다름없다(다르다)"라는 뜻이다.

You're not looking yourself today.
(넌 오늘 평상시와 다른[어디 몸이 안 좋은] 것 같애.)

Is something the matter, Fred? You don't look yourself.

▶ to look at sb/sth : to look at sb/sth은 "겉모습만 보아서는[겉으로 보기에는]"이란 뜻이다.

To look at him you'd never think he was nearly fifty.
(겉모습만 보아서는 그가 쉰 살이 다 되어 간다는 것을 생각도 할 수 없을 것이다.)

To look at the house, you would never guess its age.
(겉모습만 보아서는 당신은 그 집이 얼마나 되었는지 결코 짐작할 수 없을 것이다.)

You wouldn't think, to look at him, that he was very rich, would you?

◈ look의 구동사(phrasal verb)로는 look after, look ahead (to sth), look around/round, look at sth, look back (on sth), look down on sb/sth, look for sth, look forward to sth, look into sth, look on, look out, look out for, look over, look up과 look up to 등이 있다.

▶ look after: look after는 ① "~을[를] 맡다[돌보다/건사하다]"와 ② "(~에게 유리하도록] ~을[를] 살피다[돌보다]"라는 뜻이다.

①의 예

Don't worry about me—I can look after myself.
(내 걱정은 하지 마. 내 한 몸은 건사할 수 있으니까.)
I'm looking after his affairs while he's in hospital.
(그가 입원해 있는 동안 내가 그의 업무를 맡아 하고 있다.)
Who's going to look after the children while you're away?
(당신이 없을 때 아이들은 누가 돌볼 것인가요?)
I just can't be bothered to look after the house.

②의 예

He's good at looking after his own interests.
(그는 자기 자신의 이익을 살피는데 능하다.)
It is more likely they are looking after their own interests.
(그들은 자신들만의 이익을 추구할 개연성이 매우 높다.)
Uncle Sam is, quite rightly, looking after his own interests first.
(미국인은, 확실히, 그의 이익부터 먼저 챙긴다.)
Of course we will look after our own interests in the ultimate.

▶ look ahead (to sth): look ahead (to sth)는 "(~까지) (앞일을) 내다보다"라는 뜻이다.

Look ahead before you decide something.

(당신은 무엇을 결정하기 전에 앞을 보아라.)

Looking ahead in financial matters is always a wise course.

(재정적인 문제에 있어서 앞을 내다보는 것은 항상 현명한 방책이다.)

Piggy is a very liable person who could look ahead and plan carefully of the future.

(피기는 앞을 내다보고 주의 깊게 미래를 계획할 수 있는 매우 책임감 있는 사람이다.)

Looking ahead, consumers remain subdued about short-term economic prospects.

▶ look around/round: look around/round는① "(고개를 돌려) 돌아[둘러]보다"와② "(걸어 다니며)(~을[를]) 돌아[둘러]보다"라는 뜻이다.

①의 예

She looked round at the sound of his voice.

(그녀가 그의 목소리가 들리는 쪽으로 휙 돌아보았다.)

She looked round when she heard the noise.

(그 소리가 들리자 그녀가 뒤를 돌아보았다.)

She looked around for a familiar face.

(그녀는 아는 얼굴이 있나 하고 주위를 둘러보았다.)

People came out of their houses and looked around.

(사람들이 (자기들의) 집에서 나와 둘러보았다.)

Sloan looked round the well-appointed kitchen

Keep your head up, and look around you from time to time.

②의 예

I want you to look around you.

(나는 네가 주변을 둘러봤으면 좋겠어.)

We're looking around for a house in this area.

(우리는 이 지역에 나온 집을 (사기 위해) 둘러보고 있다.)

I'm going to look around and see what I can find.

(내가 둘러보고 내가 찾을 수 있는 것을 보려고 한다.)

We went to look round the show homes.

▶ look at sth: look at sth은 ① "~을[를](자세히) 살피다[검토/진찰]하다", ② "~ 에 대해 생각[고려/검토]하다"와 ③ "(특정한 방식으로) ~을[를] 보다, 고려하다"라는 뜻이다.

①의 예

I haven't had time to look at the papers yet.

(내가 아직 그 서류들을 살펴볼[검토할] 시간이 없었어요.)

Your ankle's swollen—I think the doctor ought to look at it.

(네 발목이 부었어. 의사가 진찰을 해 봐야 할 것 같아.)

When you look at a painting by Jackson Pollock, there's no way that you can think of it just being made by fingers and hands.

(여러분이 잭슨 폴락의 작품을 자세히 살펴보면, 손가락이나 손으로 만들었다고 생각할 수 있는 것이 전혀 없습니다.)

Can you look at my back? I think something's wrong.

②의 예

The implications of the new law will need to be looked at.

(새로운 법률에 따른 영향들을 생각해 보아야 할 것이다.)

Next term we'll be looking at the Second World War period.
(다음 학기에 우리는 이 차 세계대전 기간을 검토하게 될 것입니다.)
Anne Holker looks at the pros and cons of making changes to your property.
(앤 홀커는 당신 재산에 대해 변화를 일으키는데 대한 장단점을 생각합니다.)
He visited Florida a few years ago looking at potential of the area to stage a big match.

③의 예

It depends how you look at it.
(자네가 그것을 어떻게 보느냐에 달려 있다.)
Look at it from his point of view.
(그의 관점에서 생각해 보세요.)
Looked at from that point of view, his decision is easier to understand.
(그런 관점에서 보면 그의 결정이 이해하기가 더 쉽다.)
Brian had learned to look at her with new respect.

▶ look back (on sth): look back (on sth)은 "(과거를) 되돌아보다"(=reflect on)라는 뜻이다.
to look back on one's childhood(어린 시절을 되돌아보다)
When I look back on that time, I was very foolish.
(그 때를 되돌아보니 내가 많이 어리석었다.)
But one day you'll look back on this time and smile.
(하지만, 언젠가 자네는 이 시간을 되돌아보고 미소를 지을 거야.)

It makes me emotional when I look back on the past.
(내가 지난날을 회상하니 감개무량하다.)
It just seems like it's not my life I'm looking back on.

▶ look down on sb/sth: look down on sb/sth은 "~을[를] 낮춰보다[얕보다]"라는 뜻이다.
At that time, people looked down on women.
(그 당시에는 사람들은 여성을 낮추어 봤어요.)
She looks down on people who haven't been to college.
(그녀는 대학을 안 다닌 사람들을 얕본다.)
The man looks down on people who work with their hands.
(그 남자는 노무자들을 얕잡아 본다.)
I wasn't successful, so they looked down on me.

▶ look for sth: look for sth은 "~을[를] 바라다[기대하다]"라는 뜻이다.
What should I look for in a policy?
(제가 정책 안에서 뭘 기대해야 할까요?)
Look for exciting things to come in the next few months.
(앞으로 몇 개월 내에 소개될 흥미로운 이벤트를 기대해 주십시오.)
We shall be looking for an improvement in your work this term.
(이번 학기에는 자네 성적이 나아지기를 우리는 기대하겠네.)
Well, I didn't look for it.

▶ look forward to sth: look forward to sth은 "~을[를] 고대하다, ~을][를] 손꼽아 기다리다"라는 뜻이다.
I'm looking forward to the weekend.
(나는 주말이 고대된다.)

We're really looking forward to seeing you again.
(우리는 당신을 다시 만나게 되기를 진정 고대하고 있어요.)
Look forward to eating the food and enjoy every bite.
(그 음식을 먹으며 한 입 한 입 맛있게 즐기기를 기대하세요.)
Motor traders are looking forward to a further increase in vehicle sales.

▶ look into sth: look into sth은 "~을[를] 조사하다"라는 뜻이다.
I have a suggestion. Why don't we look into it?
(저가 제안합니다. 그것에 대해 조사해 보는 게 어떨까요?)
The college principal promised to look into the matter.
(대학 학장이 그 문제를 조사해 보겠다고 약속했다.)
A working party has been set up to look into the problem.
(그 문제를 조사하기 위해 실무대책팀이 설치되었다.)
It should also look into the possibilities of wind-generated electricity.

▶ look on: look on은 "(관여하지는 않고) 구경하다[지켜보다]"라는 뜻이다.
I will not look on idly this time.
(내가 이번에는 좌시하지 않겠다.)
Passers-by simply looked on as he was attacked.
(지나가던 사람들이 그가 공격당하는 것을 그저 구경만 했다.)
Will you do nothing about the problem and just look on?
(넌 남의 집 불구경하듯 방관만 할 셈이냐?)
About 150 local people looked on in silence as the two coffins were taken into the church.

▶ look out: look out는 "(특히 위험이 있을 때 경고하는 말로) 조심해라"(=watch out)라는 뜻이다.

Look out, he's got a gun!

(조심해, 그 자가 총을 가지고 있어!)

Look out! There's a car coming.

(조심해! 차가 와.)

Look out! You nearly got hit by that car!

(조심해요! 하마터면 저 차에 치일 뻔 했잖아요!)

"Look out!" somebody shouted, as the truck started to roll toward the sea.

▶ look out for: look out for는 ① "(~에게 나쁜 일이 생기지 않도록) ~을[를] 보살피다", ② "(나쁜 일이 생기거나, 나쁜 일이 하지 않도록) ~을[를] 조심하다[~에 유의하다]"(=watch out), ③ "~을[를] 찾으려고[만나려고] 애쓰다"와 ④ "~(의 이익)만을 생각하다"라는 뜻이다.

①의 예

People can look out for themselves.

(사람들은 그들 자신을 돌볼 수 있다.)

Those are the people I want to look out for.

(저 사람들은 내가 돌보고 싶어 하는 사람들이다.)

And Big Brothers look out for their younger siblings.

(그리고 큰 형들은 그들의 어린 형제자매들을 돌본다.)

I'm sure he's trying to look out for you.

②의 예

You should look out for pickpockets.

(소매치기들을 조심해야 한다.)

Look out for symptoms of depression.

(우울증 증상에 주의하라.)

Do look out for spelling mistakes in your work.

(과제를 할 때에는 철자 오류에 꼭 주의하도록 해라.)

What are the symptoms to look out for?

③의 예

Hey, I'm trying to look out for you.

(야, 난 자네를 찾기 위해 노력 중이야.)

I'll look out for you at the conference.

(그 학회에서 꼭 당신을 찾아보겠어요[만나도록 하겠어요].)

I thought you were gonna look out for me.

(난 자네가 날 찾고 있었다고 생각했어.)

And you're always gonna look out for me.

④의 예

You just look out for yourself.

(넌 단지 너 자신만을 생각해.)

You should look out for yourself from now on.

(이제부터는 당신 자신만을 생각해야 해요.)

And Big Brothers look out for their younger siblings.

(그리고 큰 형들은 그들의 어린 형제자매들만 생각한다.)

I felt that I had to look out for myself, because I didn't see that anyone else was going to.

▶ look over: look over는 "(얼마나 좋은지 · 큰지 등을 알아보기 위해) ~을[를] 살펴보다"라는 뜻이다.

Can you look over my report?

(당신이 제 보고서 좀 봐 주시겠어요?)

Never forget to look over the brochure in advance.

(꼭 미리 팜플렛을 훑어보세요.)

We looked over the house again before we decided we would rent it.

(우리는 그 집을 빌리기로 결정하기 전에 다시 한 번 살펴보았다.)

He could have looked over the papers in less than ten minutes.

▶ look up: look up은 ① "(사업 · 사람의 상황 등이) 나아지다"(=improve), ② "(~을 [를] 보던 시선을 들어) 올려다보다[쳐다보다]", ③ "(특히 오랫동안 못만난 사람을[과]) 방문하다[연락하다]"와 ④ "(사전 · 참고자료 · 컴퓨터 등에서 정보를) 찾아 보다"라는 뜻이다.

①의 예

Trade usually looks up in the spring.

(무역이 보통 봄에 나아진다.)

At last things were beginning to look up.

(마침내 사정이 나아지기 시작하고 있었다.)

Things are looking up now we've got that new contract.

(상황이 지금 나아지고 있어. 우리가 계약을 체결했어.)

Things could be looking up in the computer industry.

②의 예

I look up to the sky to remember him.

(나는 그를 기억하기 위해 하늘을 올려다본다.)

She looked up from her book as I entered the room.

(내가 방으로 들어가자 그녀가 책을 읽다가 쳐다보았다.)

She just grunted, not deigning to look up from the page.

(그녀는 그냥 툴툴거리기만 했다. (읽고 있던) 페이지에서 눈을 들어 쳐다보는 것도 자존심 상한다는 듯이.)

③의 예

Do look me up the next time you're in London.

(다음번에 런던에 오시면 꼭 제게 연락하세요.)

I'll try to look him up, ask him a few questions.

(그를 방문해서 몇 가지 물어 볼 생각이야.)

I'll try to look him up, ask him a few questions.

(나는 그를 방문하려고 몇 가지 질문을 그에 했다.)

She looked up some friends of bygone years.

④의 예

I looked your address up in the personnel file.

(나는 인사 파일에서 당신의 주소를 찾았어요.)

Look up their number in the telephone directory.

(전화번호부에서 그들의 번호를 찾아 보십시오.)

Can you look up the opening times on the website?

(웹사이트에서 개장[개점] 시간을 찾아볼 수 있니?)

Many people have to look up the meaning of this word in the dictionary.

▶ look up to sb: look up to sb는 "~을[를] 우러러 보다, ~을[를] 존경하다"라는 뜻이다.

You should look up to your parents.

(자네는 자네 부모님을 존경해야 한다.)

Do you have a role model you look up to?

(여러분에게는 존경하는 역할 모델이 있나요?)

We need to look up to our elected leaders in times of need.

(우리는 어려운 때일수록 우리는 선출된 지도자들을 존경해야 한다.)

I really look up to people like you.

◈ look은 동사 이 외에 명사로 ① "보기, (쳐다·살펴) 봄, 눈길", ② "찾아보기", ③ "(눈·얼굴의) 표정", ④ "((…의) 겉보기[(겉)모습]"와 ⑤ 복수 형태를 쓰며 "(특히 매력적인) 외모, 매력"이란 뜻으로 쓰인다.

①의 예

A look passed between them.

(그들 사이에 눈길이 오갔다.)

We'll be taking a close look at these proposals.

(우리가 이 제안들을 면밀히 살펴볼 것이다.)

One look at his face and Jenny stopped laughing.

(그의 얼굴을 한 번 쳐다보더니 제니가 웃음을 그쳤다.)

It's an interesting place. Do you want to take a look around?

②의 예

I'll have a look there.

(내가 가서 찾아 봐야겠다.)

Go and have another look.
(가서 한 번 더 찾아보자.)
I've had a good look for it, but I can't find it.
(내가 그것을 잘 찾아보았는데, 찾아낼 수가 없어.)
Let's have a look at the hospital CCTV.

③의 예

a look of surprise(놀란 표정)
He didn't like the look in her eyes.
(그는 그녀의 눈에 담긴 표정이 마음에 들지 않았다.)
She had a worried look on her face.
(그녀는 얼굴에 걱정스러운 표정을 띠고 있었다.)
A look of terror flashed across his face.
(그의 얼굴 위로 두려워하는 표정이 잠깐 스쳤다.)
He gave her a blank look, as if he had no idea who she was.

④의 예

Looks can be deceptive.
(겉모습은 거짓될[사람을 현혹할] 수가 있다.)
I don't like the look of those clouds.
(나에게 구름이 불길해 보여.)
It's going to rain today by the look of it.
(보아 하니 오늘 비가 올 것 같다.)
I don't like the look of that guy.

⑤의 예

He lost his looks in later life.

(그가 나이 들어서는 매력이 없어졌다.)

She has her father's good looks.

(그녀는 아버지의 잘생긴 외모를 닮았다.)

The product looks and burns like a regular cigarette

(그 제품은 생김새나 타는 것이 보통 담배 같다.)

She will soon lose her looks.

▶ look이 명사로 이와 같은 뜻으로 쓰이면서 자주 쓰이는 동사(common verb)와 함께 쓰일 때, 자주 쓰이는 동사는 get, have, take가 함께 쓰인다.

〈get의 경우〉

I'm anxious to get a look at it.

(나는 그것을 몹시 보고 싶군요.)

I wanted to get a look at the real thing.

(나는 실물을 보고 싶었다.)

Make sure you get a good look at their faces.

(반드시 그들의 얼굴을 잘 살펴보세요.)

You didn't get a look at the guy who came after you?

〈have의 경우〉

Here, have a look at this.

(여기, 이것 한 번 봐.)

I insisted that we should have a look at every car.

(나는 모든 차를 봐야 한다고 주장했다.)

A: Do you mind if I have a look?

B: By all means.

(A: 내가 한 번 봐도 될까?

B: 되고말고.)

The car has not been running very well and a mechanic had to come over to have a look at it.

〈take의 경우〉

Take a look at these figures!

(이 수치들을 한 번 봐요!)

Would you like to take a look?

(한 번 보실래요?)

Let's take a look at the damage.

(피해 상황을 살펴봅시다.)

Lucille took a last look in the mirror.

〈see의 경우〉

①의 예

He could see (that) she had been crying.

(그는 그녀가 울고 있었다는 것을 알 수 있었다.)

She looked for him but couldn't see him in the crowd.

(그녀는 그를 찾았으나 사람들 속에서 그를 볼 수 없었다.)

She was seen running away from the scene of the crime.

(그 범행 현장에서 그녀가 달아나는 것이 목격되었다.)

Did you see what happened?

②의 예

She will never see again.

(그녀가 다시는 앞을 볼 수 없을 것이다.)

It was getting dark and I couldn't see to read.

(날이 어두워지고 있어서 앞이 보이지 않아 글을 읽을 수가 없었다.)

On a clear day you can see for miles from here.

(맑은 날에는 여기서 몇 마일 앞을 볼 수도 있다.)

You can't see colours at night.

③의 예

I would like to see the movie again.

(나는 다시 영화를 감상하고 싶다.)

In the evening we went to see a movie.

(저녁에 우리가 영화를 보러 갔다.)

Did you see that program on Brazil last night?

(어젯밤에 브라질에 대한 그 프로그램[방송] 봤니?)

It was one of the most amazing films I've seen.

④의 예

See page 158.

(백오십팔 쪽을 보세요.)

See also Link and Link Rate.

(링크와 링크 속도를 참조하십시오.)

See Configuring at the Port Level.

(포트 수준의 구성을 참조하십시오.)

See Chapter 7 below for further comments on the textile industry.

⑤의 예

Mary! How lovely to see you!

(매리! 만나서 너무 반갑다!)

It was nice to see Steve again.

(스티브를 다시 만나니 기분 좋았다.)

Guess who I saw at the party last night!

(지난밤에 내가 그 파티에서 누굴 봤는지 알아 맞혀 봐!)

It's great to see you again.

⑥의 예

Come and see us again soon.

(곧 다시 우릴 보러 와.)

I don't see much of Tony nowadays.

(나는 요즘 토니를 자주 못 봐.)

What is it you want to see me about?

(무슨 일로 저를 보자고 하셨나요?)

We didn't see much of each other after that because he was touring.

⑦의 예

You should go and see a doctor.

(병원에 가서 진찰을 받아 봐.)

What is it you want to see me about?

(무슨 일로 저를 보자고 하셨나요?)

You ought to see a doctor about that cough.

(너 기침에 대해 의사에게 가봐야[의사의 진찰을 받아 봐야] 해.)

Mick wants to see you in his office right away.

⑧의 예

Are you seeing anyone?

(자네 누구 만나는[사귀는] 사람 있나?)

They've been seeing a lot of each other recently.

(그들이 최근에 서로 많이 만나고 있다.)

The problem is, I think she is seeing someone else.

(근데, 그 애한테 남자가 생긴 것 같아.)

My husband was still seeing her and he was having an affair with her.

⑨의 예

He didn't see the joke.

(그는 그것을 농담으로 알지[이해하지] 않았다.)

can see both sides of the argument.

(나는 그 언쟁을 벌이는 양 쪽이 다 이해가 간다.)

I don't think she saw the point of the story.

(내 생각에는 그녀가 그 이야기의 요점을 이해하지 못한 것 같다.)

A: It opens like this.

B: Oh, I see.

(A: 이건 이렇게 열려.

B: 아, 알겠어.)

I don't see that it matters what Josh thinks.

⑩의 예

I see things differently now.

(나는 이제 상황을 다르게 본다.)

The way I see it, you have three main problems.

(내가 보는 바로는 당신에게 세 가지 주요한 문제가 있다.)

Lack of money is the main problem, as I see it.

(내가 보기에는 돈이 부족한 것이 주된 문제이다.)

Try to see things from her point of view.

⑪의 예

I can't see changing her mind.

(나는 그녀가 마음을 바꿀 것으로 볼 수 없다.)

His colleagues see him as a future director.

(그의 동료들은 그를 미래의 중역으로 본다.)

We see India as a strategic partner in the 21st Century.

(우리는 인도를 이십일 세기 전략 상대로 보고 있습니다.)

I don't see much chance of it.

⑫의 예

We'll have to see how it goes.

(그것이 어떻게 되어 가는지 두고 봐야 할 것이다.)

We'll have a great time, you'll see.

(우린 아주 즐거운 시간을 보내게 될 거야. 두고 보라구.)

It can be seen that certain groups are more at risk than others.

(일부 집단들이 다른 집단들보다 더 위험에 처해 있다고 볼 수 있다.)

A: Is he going to get better?

B: I don't know, we'll just have to wait and see.

(A: 그가 회복이 될까요?

B: 모르겠어요. 그냥 기다려 봐야 할 거예요.)

Go and see what the kids are doing, will you?

⑬의 예

I'll see what I can do to help.

(내가 무엇을 도울 수 있을지 생각해 보겠다.)

A: Can I go to the party?

B: We'll see.

(A: 제가 그 파티에 가도 돼요?

B: 두고 보자꾸나.)

A: Will you be able to help us?

B: I don't know. I'll have to see.

(A: 저희를 도와주실 수 있으시겠어요?

B: 모르겠어요. 두고 봐야 할 것 같아요.)

I'll see if I can call her for you.

⑭의 예

See that he does it properly.

(그가 그 일을 제대로 하도록 보살피시오.)

See that you take care of him.

(꼭 그를 잘 돌보세요.)

See that all the doors are locked before you leave.

(떠나기 전에 문이 다 잠겼는지 확인을 해라.)

Catherine saw to it that the information went directly to Walter.

⑮의 예

He has seen a great deal in his long life.

(그는 긴 인생에서 아주 많은 일을 겪어 왔다.)

It didn't surprise her—she had seen it before.

(그것은 그녀에게 놀랍지 않았다. 그녀는 전에도 그 모든 일을 보았으

니까.)

I hope I never live to see the day when computers finally replace books.

(나는 살다가 마침내 컴퓨터가 책을 대체하는 그런 날을 보는 일은 결코 없기를 바란다.)

Mr. Frank has seen the economy of his town slashed by the uprising.

⑯의 예

Next years see the centenary of Verdi's death.

(내년이 베르디 사망 백 주년이다.)

Time to see the old year out and the new year in.

(송구영신할 시간이다.)

Yesterday saw the resignation of the acting Interior Minister.

⑰의 예

The stadium has seen many thrilling football games.

(이 경기장에는 많은 스릴 만점의 축구 경기들이 있어 왔다.)

The U.S. saw a huge wave of immigration in the early 1900s.

⑱의 예

May I see you home?

(집까지 바래다[모셔다] 드릴까요?)

My secretary will see you out.

(제 비서가 배웅해 드릴 겁니다.)

I saw the old lady across the road.
(나는 그 할머니께서 길을 건너시는 것을 도와 드렸다.)
He didn't offer to see her to her car.

◈ see는 숙어로 let me see/let's see, seeing that.../seeing as (how)..., see you (around) | (I'll) be seeing you | see you later와 you see 등이 있다.

▶ let me see/let's see: let me see/let's see는 "그러니까[어디 보자](생각을 하거나 무엇을 기억하려 하면서 하는 말)"라는 뜻이다.
Now let me see—how old is she now?
(이제 그러니까 그녀가 지금 몇 살이지?)
Let me see, I think I've seen you before.
(가만 있어봐라. 전에 어디서 뵌 것 같은데요.)
Now let me see—where did he say he lived?
(저, 가만 있자, 그가 어디 산다고 했지?)
Now let me see, who's the man we want?

Let's see what stuff you're made of.
(당신이 어떤 종류의 사람인지 한번 봅시다.)
First off, let's see how much it'll cost.
(우선 그 비용이 얼마나 될지 한번 봅시다.)
Let's see if somebody can rustle up a cup of coffee.
(누가 커피 한 잔 후다닥 만들 수 있는지 봅시다.)
Let's see what happens next week.

▶ seeing that.../seeing as (how)...: seeing that.../seeing as (how)...는 "...인 것으로 보아"라는 뜻이다.

Seeing that his voice is shaking, he must be worked up.

(목소리가 떨리는 것으로 보아 그는 흥분한 것 같다.)

Seeing that you lied to me, I can't trust you any longer.

(네가 나에게 거짓말한 것으로 보아 널 더 이상 못 믿어.)

Seeing that he's been off sick all week he's unlikely to come.

(그가 몸이 아파서 일주 일 내내 결근한 것으로 봐서 그가 올 것 같지는 않다.)

His promotion is corollary, seeing that he got 'S' grade.

Seeing as Mr. Moreton is a doctor, I would assume he has a modicum of intelligence.

▶ see you (around) | (I'll) be seeing you | see you later: see you (around) | (I'll) be seeing you | see you later는 "잘 있어[잘 가/또 봐]"라는 뜻이다.

I'm off now. See you tomorrow.

(나 이제 가. 내일 봐.)

I'd better be going now. See you!

(나 이제 가 봐야겠어. 잘 있어!)

Well, so long, pal, see you around.

(그럼 안녕, 친구야 또 보자.)

Well, so long. See you again tomorrow.

(자, 그럼 내일 또 만나자.)

A: Talk to you later.

B: All right. See you love.

A: No time for chatting now.

B: Be seeing you, then.

▶ you see: you see는 "있잖아[알겠지](무엇을 설명할 때)"라는 뜻이다.

You see, I wasn't really interested in science, either.

(있잖아요, 나도 과학은 좋아하지 않아.)

You see, the thing is, we won't be finished before Friday.

(있잖아, 사실은 우리가 금요일 전에 끝이 안 날 것 같아요.)

Well, you see, you shouldn't really feel that way about it.

(저, 있잖아, 그 일에 대해 정말 그런 식으로 받아들여서는 안 돼.)

Well, you see, you shouldn't really feel that way about it.

◈ see의 구동사(phrasal verb)로는 see about sth, see in sb/sth, see sb off, see through, see to sth와 see to it that... 등이 있다.

▶ see about sth: see about sth은 "~을[를] 준비[처리]하다"라는 뜻이다.

I must see about lunch.

(난 점심 준비를 해야 해요.)

I'll have to see about getting that roof repaired.

(내가 저 지붕을 수리하도록 처리를 해야겠다.)

He says he won't help, does he? Well, we'll soon see about that.

(그의 말은 도와주지 않겠다는 거예요, 그렇죠? 음, 우리가 곧 그 문제를 처리 하겠어요[제가 그에게 도와 달라고 요구를 하겠어요].)

Tony announced it was time to see about lunch.

▶ see in sb/sth: see in sb/sth은 "…에서 (매력적이거나 흥미로운) ~을[를] 보다[찾다]"라는 뜻이다.

I don't know what she sees in him.

(난 그녀가 그 사람 뭘 보고 좋아하는지 모르겠어.)

There are many things to see in the museum.

(박물관에는 다양한 볼거리들이 있다.)

Collect the things that they see in the water samples.

(그들은 물 샘플에서 본 것들을 수집한다.)

What do you see in those people?

▶ see sb off: see sb off는 ① "~을[를] 배웅[전송]하다", ② "~을[를] 쫓아내다"와 ③ "(경기 · 싸움 등에서) ~을[를] 물리치다"라는 뜻이다.

①의 예

Many people came to see her off.

(많은 사람들이 그녀를 배웅하러 나왔다.)

I drove my friend to the airport to see her off.

(나는 친구를 공항까지 바래다주었다.)

Ingrid went with him to the train station to see him off.

(잉그리드는 그를 배웅하기 위해서 그와 함께 역으로 갔다.)

A large crowd gathered at the station to see him off.

②의 예

The dogs saw them off in no time.

(그 개들이 그들을 즉시 쫓아내었다.)

We need to see off that threat one way or another.

(우리는 그 협박을 어떻게 해서든 물리쳐야 한다.)

He's more than man enough to see off these two upstarts.

(그는 이 두 건방진 놈들을 쫓아내고도 남을 충분한 남자이다.)

This is how you see off a love rival, gorilla-style.

③의 예

This is how you see off a love rival, gorilla-style.
(이건 고릴라식의 사랑의 라이벌을 물리치는 방법이다.)
He's more than man enough to see off these two upstarts.
(그는 이 두 건방진 놈들을 쫓아내고도 남을 충분한 남자이다.)
The home team saw off the challengers by 68 points to 47.
(홈팀이 도전자들을 육십팔 대 사십칠로 물리쳤다.)
There is no reason why they cannot see off the Republican challenge.

▶ see through: see through는 ① "~을[를] 간파하다", ② "(포기하지 않고) ~을 [를] 끝까지 해내다"와 ③ "(특정한 기간 동안) ~을[를] 도와[견디게해] 주다. …가 ~을[를] 나도록[견디도록] 해 주다"라는 뜻이다.

①의 예

I can see through your little game.
(당신은 되잖은 수작을 난 간파할 수 있어.)
We saw through him from the start.
(우리는 처음부터 그를 간파했다.)
You don't fool me. I can see through your tricks!
(나를 바보 취급하지 마. 네 속임수를 빤히 알고 있으니까!)
I saw through your little ruse from the start.

②의 예

She's determined to see the job through.
(그녀는 그 일을 끝까지 해내리라 작정하고 있다.)

I want to see the job through to the finish.
(나는 그 일을 끝까지 다 보고 싶다.)
I want to see them through to completion, to closure.
(나는 그것들에 대해 끝까지 가서, 끝장을 보고 싶다.)
If you undertake to help the group with their plan, it's your responsibility to see it through however difficult it is for you.

③의 예
I only have $20 to see me through the week.
(나는 한 주를 날 돈으로 이십 달러밖에 가지고 있지 않다.)
Her courage and good humour saw her through.
(그녀의 용기와 유머 감각이 그녀를 견디게 해 주었다.)
Work is the only thing that will see you through this.
(단지 일만이 이러한 일을 가능하게 해줄 거야.)
But all these things take time to see through to completion.

▶ see to sth: see to sth은 "~을[를] 처리하다[맡아 하다]"라는 뜻이다.
Don't worry—I'll see to it.
(걱정하지 마세요. 제가 처리할게요.)
We'll have to get that door seen to.
(우리가 저 문을 손보도록 (처리)해야 할 것이다.)
Will you see to the arrangements for the next meeting?
(다음 회의 준비 좀 맡아 주시겠어요?)
While Franklin saw to the luggage, Sara took Eleanor home.

▶ see to it that...: see to it that...는 "반드시 …하도록 (조처)하다"라는 뜻이다.

See to it that he do the job properly.

(그가 일을 반드시 제대로 하도록 조처하세요.)

Can you see to it that the fax goes this afternoon?

(그 팩스가 오늘 오후에 꼭 가도록 해 줄 수 있어요?)

Please see to it that the matter is worked out quickly.

(일이 신속히 해결되도록 조치해 주십시오.)

See to it that I don't misuse the money.

◈ 특정한 방향으로 시선을 돌려 바라보는 행위를 나타내는 동사로는 look과 see 이 외에 gaze, glance, glare, glimpse, observe, regard, stare, view와 watch 등이 있다.

▶ gaze: gaze는 "(가만히) 응시하다[바라보다]"라는 뜻이다.

She gazed at him in amazement.

(그녀가 놀라서 그를 가만히 응시했다.)

He sat for hours just gazing into space.

(그는 그냥 허공을 바라보며 몇 시간을 앉아 있었다.)

She was gazing into the distance, lost in thought.

(그녀는 생각에 잠겨 먼 곳을 응시하고 있었다,)

We would pull over and just gaze at them.

▶ glance: glance는 "흘낏[휙]보다"라는 뜻이다.

She glanced at her watch.

(그녀가 시계를 흘낏 보았다.)

He glanced around the room.

(그는 방을 휙 둘러보았다.)

I glanced up quickly to see who had come in.

(나는 고개를 휙 들어 누가 들어 왔는지 보았다.)

I only had time to glance at the newspapers.

▶ glare: glare는 "노려[쏘아]보다"(=glower)라는 뜻이다.

The old woman glared at him.

(그 노파는 그를 노려보았다.)

I glared at him because he talked against me.

(그가 나를 비난했기 때문에 그를 노려보았다.)

He didn't shout, he just glared at me silently.

(그는 고함을 지르지 않고 그저 말없이 나를 노려보기만 했다.)

She glares at me if I go near her desk.

▶ glimpse: glimpse는 문예체의 글에서 "(완전히는 못 보고) 잠깐[언뜻] 보다"라는 뜻이다.

He glimpsed Sonia, resplendent in a red dress.

(그는 빨간 드레스를 입은, 눈부시게 아름다운 소냐를 흘끗 보았다.)

He glimpsed something on the edge of his vision.

(그는 눈 한쪽 귀퉁이로 무엇을 언뜻 본 것 같았다.)

He'd glimpsed her through the window as he passed.

(그는 지나가면서 창문을 통해 그녀를 언뜻 보았었다.)

She glimpsed a group of people standing on the bank of a river.

▶ observe: observe는 격식을 차리는 글에서 "관찰[관측/주시]하다, 목격하다"라는 뜻이다.

He was observed to follow her closely.

(그가 그녀를 바짝 뒤쫓고 있는 것이 목격되었다.)

The police observed a man enter the bank.

(경찰이 한 남자가 그 은행에 들어가는 것을 목격했다.)

The patients were observed over a period of several months.

(그 환자들은 몇 달의 기간을 두고 관찰되었다.)

I'll be observing you in court this afternoon.

▶ regard: regard는 "(특히 어떤 감정 · 태도를 갖고) ~을[를] 보다"라는 뜻이다.

He regarded us suspiciously.

(그는 우리를 의심스러운듯이 보았다.)

Stranger, regard this spot with gravity.

(나그네여, 이곳을 엄숙히 바라보라.)

She regarded him curiously for a moment.

(그녀는 잠시 동안 그를 호기심 많게 바라보았다.)

The clerk regarded him with benevolent amusement.

▶ stare: stare는 "빤히 쳐다보다, 응시하다"라는 뜻이다.

He sat staring into space.

(그는 허공을 응시하며 앉아 있었다.)

I screamed and everyone stared.

(내가 비명을 지르자 모든 사람들이 빤히 쳐다 보았다.)

I stared blankly at the paper in front of me.

(나는 내 앞에 놓인 신문을 멍하니 응시했다.)

You stop staring at me, I don't like it!

▶ view : view는 격식을 차리는 글에서 "(특히 세심히 살피며) 보다, (텔레비전 · 영화 등을) 보다"라는 뜻이다.

They came back to view the house again.

(그들이 그 집을 세심히 살피며 보기 위해 되돌아 왔다.)

People came from all over the world to view her work.

(사람들이 전 세계에서 그녀의 작품을 보러 왔다.)

Twenty-five thousand mourners passed to view the body.

(이만오천 명의 문상객들은 그 시신을 보기 위해 이동했다.)

There's a special area at the airport where you can view aircraft taking off and landing.

▶ watch : watch는 "(시간과 관심을 기울이며) 보다[지켜보다/주시하다]"라는 뜻이다.

Watch what I do, then you try.

(내가 하는 걸 잘 보고 그 다음에 네가 해 봐.)

He watched the house for signs of activity.

(그는 그 집에서 무슨 움직임이 있는지[사람의 흔적이 보이는지] 지켜보았다.)

We watched to see what would happen next.

(우리는 다음에 무슨 일이 있을지 주시했다.)

They watched the bus disappear into the distance.

9 spend의 쓰임새

spend는 ① "(돈을) 쓰다[들이다]", ② "(시간을) 보내다[들이다]"와 ③ "(에너지 · 노력 등을) 들이다[소비하다]"라는 뜻으로 쓰인다.

①의 예

I've spent all my money already.
(난 벌써 돈을 다 써 버렸어.)
She spent £100 on a new dress.
(그녀는 새 드레스에 백 파운드를 들였다.)
They spend their money on things like rent and groceries.
(그들은 집세나 식료품 같은 것에 돈을 쓴다.)
We need to spend more money on advertising to promote sales.
(우리는 판촉을 위해서는 광고에 더 많은 돈을 써야 한다.)
The company has spent thousands of pounds updating their computer systems.
(그 회사는 컴퓨터 시스템을 경신하는 데 수천 달러를 들여왔다.)
I didn't have to eat more or spend money to entertain myself.
I never saw the point in spending money on stuff that didn't last.

②의 예

* 주로 spend sth (on sth)이나 spend (doing sth/in doing sth)의 형태로 쓰인다.

We spent the weekend in Paris.
(우리는 파리에서 주말을 보냈다.)
How do you spend your spare time?
(당신은 여가 시간을 어떻게 보내세요?)

I spend too much time watching television.
(나는 너무 많은 시간을 텔레비전을 보면서 보낸다.)
How long did you spend on your homework?
(너 숙제하는데 시간이 얼마나 들었니[얼마나 오래 걸렸니]?)
Most of her life was spent in caring for others.
(그녀의 인생은 대부분이 다른 사람들을 보살피는 데 쓰였다.)
I spend most of my working day sitting at a desk.
(나는 근무 시간대의 대부분을 책상에 앉아서 보낸다.)
Today I can spend quality time with my family for a change.
(오늘은 가족들과 단란한 시간을 보내며 기분 전환 좀 할 수 있겠다.)
I spend most of my working day sitting at a desk.
You should spend more time out of doors in the fresh air.
A family break allows you to spend precious time together.

③의 예

Why don't we spend more effort on it?
(우리는 그것에 더 많은 노력을 들여야 하지 않을까요?)
She spends too much efforts on things that don't matter.
(그녀는 중요하지 않은 일에 너무 많은 노력을 들인다.)
Now that's what I call a worthwhile way to spend your efforts.
(그래 바로 그게 내가 말하는 노력을 들일만한 일이라는 거야.)
I spent more time, effort and money on this movie than ever before.
(나는 이전보다 더 많은 시간과 노력과 돈을 이 영화에 들였다.)
Sure, nothing happens without spending effort.
They then spend great effort and time trying to raise the necessary money.

I don't want to spend my energy on such a thing.
(나는 그런 일에 에너지를 소모하기 싫다.)
When you are in school, you spend a lot of energy there.
(여러분이 학교에 있을 때는 많은 에너지를 소모하게 됩니다.)
If we spend too much energy, it will cause many problems.
(에너지를 너무 많이 사용하면, 많은 문제가 발생할 거야.)
If we spend too much energy, it will cause many problems.
(만약 우리가 에너지를 너무 많이 사용하면, 많은 문제가 발생할 거야.)
I will not spend energy and time challenging anyone.
If you push a system far out of equilibrium, it will invent ways to spend energy.

◈ spend는 주로 spend+시간/돈 등+on sb/sth 의 형태로 쓰인다.
I spend a lot of my time on administrative duties.
(나는 행정 업무에 많은 시간을 쓴다.)
They spend their money on things like rent and groceries.
(그들은 집세나 식료품 같은 것에 돈을 쓴다.)
Stores spend more and more on crime prevention every year.
(상점들에서 범죄 방지에 매년 더욱 더 많은 돈을 쓴다.)
The government should spend that money on important things.
(정부는 그 돈을 다른 중요한 곳에 써야 한다.)
I spend about half my salary on food.
How long did you spend on your homework?

◈ spend는 주로 spend+시간/분/날 등+doing sth 의 형태로 쓰인다.
I spend most of my working day sitting at a desk.
(나는 근무 시간대의 대부분을 책상에 앉아서 보낸다.)

I flatly refused to spend any more time helping him.
(나는 그를 돕는 데 조금이라도 더 시간을 쓰는 것을 단호히 거부했다.)
He spent hours throwing a tennis ball against a wall.
(그는 테니스공을 벽에 던지며 여러 시간을 보냈다.)
He doesn't spend every minute toiling away at his desk.
(그는 그의 자리에서 고생하며 일하는데 모든 시간을 보내지는 않는다.)
She spends all her time working on her thesis.
I usually spend the day thinking about what to create.

◈ spend가 쓰이는 숙어로 spend the night with sb(① "~와 밤을 보내다"와 ② "~와 함께 (성관계를 하며) 밤을 보내다")와 spend a penny(화장실을 이용하다[변소에 가다])가 있다.

〈spend the night with sb의 경우〉

①의 예

You'll spend the night with your family.
(당신은 가족과 밤을 보낼 거예요.)
My daughter's spending the night with a friend.
(우리 딸은 친구와 함께 밤을 보내고 있다.)
We don't often get to spend the nights with friends.
(우리는 친구들과 밤을 보내는 경우가 많지 않아.)
It might be safer if you spent the night with us.
He spends the night with George Bush at Camp David.

②의 예

* 같은 뜻으로 spend the night together가 있다.

She spent the night with him.

(그녀는 그와 함께 밤을 보냈다.)

My little boy spent the night with two girls.

(내 어린 아들이 두 명의 여자 아이들과 밤을 보냈다.)

I spent the night with you because I love you.

(내가 널 사랑하기 때문에 그 밤을 너와 함께 보낸 거야.)

She's planning on spending the night with another man.

Spending the nights with a guy, who doesn't even touch me?!

So they spend the night together.

(그래서 그들은 밤을 함께 보냈다.)

Did we spend the night together?

(우리가 밤을 함께 보냈니?)

I told him we might spend the night together.

(우리가 밤을 함께 보낼 지도 모른다고 나는 그에게 말했다.)

When was the last time we spent the night together?

(우리가 마지막으로 밤을 함께 보낸 때가 언제였지?)

We spent the night together under the stars.

I haven't heard from him since we spent the night together.

〈spend a penny의 경우〉

I need to spend a penny first.

(나는 먼저 화장실부터 가야 되겠어.)

Jack spent a penny in a hurry.

(잭은 서둘러 변소에 갔다.)

I just want to spend a penny before we go out.

(우리가 외출하기 전에 나는 막 화장실에 가고 싶다.)

Do you want to spend a penny before we leave?
(우리가 출발하기 전에 당신은 화장실에 가고 싶으세요?)
If you spend a penny, it'll warm you up.
Visitors, the elderly, parents with children and people with medical conditions cannot go to a public loo to spend a penny.

* spend a penny는 "일 페니[한 푼]를 쓰다[들이다]"라는 뜻으로도 쓰인다.

He's so cheap that he hates to spend even a penny.
(그는 돈 몇 푼에도 벌벌 떤다.)
I won't be spending a penny more than I usually do.
(내가 보통 쓰는 것 이상으로 한 푼도 쓰지 않을 것이다.)
They were not allowed to spend a penny without his approval.
(그들은 그의 허락 없이 한 푼도 쓰는 것이 허용되지 않았다.)
From the day you arrive at my house, you need not spend a single penny.
(우리 집에 도착하는 그 날부터 너는 단 한 푼도 쓸 필요가 없다.)
It costs a fortune but you don't spend a penny once you're there.
We shall not be able to spend a penny more on the agriculture policy.

◈ spend는 명사로 "비용, 경비"라는 뜻으로 쓰인다.

The average spend at the cafe is £10 a head.
(그 카페에서의 평균 경비는 일인당 십 파운드이다.)
We can't get a snapshot of global travel spend.
(글로벌 출장비 지출에 대한 정보를 받아 볼 수 없다.)

Most IT budgets constitute four to five percent of a company's total spend at most.
(대부분의 정보통신 기술 예산은 기껏해야 회사 전체 비용의 사 내지 오 퍼센트를 차지하고 있습니다.)
Condition Management Schemes in the new Pathways to Work pilots; and what the average spend per client is.
(조종사들을 운영하는 새로운 운영경로에서 조건관리전략은 일 인당 평균 경비로 운영하는 것이다.)
The total spend on the project was almost a million pounds.
The national estimates are then used to calculate average spend per tourist trip.

10 suggest의 쓰임새

suggest는 ① "(아이디어 · 계획을) 제안[제의]하다"(=propose), ② "(사람 · 물건 · 방법 등을) 추천하다"(=recommend), ③ "시사[암시]하다"(=indicate)와 ④ "(넌지시 · 간접적으로) 말하다, (뜻을) 비치다"(=imply)라는 뜻으로 쓰인다.

①의 예

I suggest (that) we go out to eat.

(전 나가서 외식할 것을 제안해요.)

A solution immediately suggested itself to me.

(한 가지 해결책이 저절로 내게 떠올랐다.)

May I suggest a white wine with this dish, sir?

(이 요리에는 백포도주를 제안해 드려도 될까요, 손님[고객님]?)

It has been suggested that bright children take their exams early.

(똑똑한 아동들은 시험을 일찍 치뤄야 한다는 제안이 있었다.)

It has been suggested that bright children should take their exams early.

(똑똑한 아동들은 시험을 일찍 치뤄야 한다는 제안이 있었다.)

No one has suggested how this might occur.

I suggest you ask him some specific questions about his past.

②의 예

Can you suggest a good dictionary?

(좋은 사전 하나 추천해 주시겠어요?)

Who would you suggest for the job?

(당신은 그 자리에 누구를 추천하시겠어요?)

She suggested Paris as a good place for the conference.

(그녀는 그 회담을 위한 좋은 장소로 파리를 추천했다.)

Are there any good travel agencies that you can suggest?

(당신이 좋은 여행사 하나를 추천해 주시겠어요?)

Could you suggest someone to advise me how to do this?

(내게 이것을 하는 방법에 대해 조언해 줄 사람을 당신이 추천해 주시겠습니까?)

They can suggest where to buy one.

Are there any good travel agencies that you can suggest?

③의 예

What do these results suggest to you?

(이들 결과는 당신에게 어떤 점을 시사하나요?)

Her words suggest that she loves him.

(그녀의 말은 그를 사랑하고 있음을 암시하고 있다.)

The symptoms suggest a minor heart attack.

(그 증상들은 약간의 심장 발작이 있음을 시사한다.)

All the evidence suggests (that) he stole the money.

(그 모든 증거가 그가 그 돈을 훔쳤음을 시사한다.)

The changes suggest that the region's climate is warming.

(그 변화들은 그 지역의 기후가 온난화되고 있다는 것을 암시한다.)

I don't know what to suggest.

What does that suggest to you?

④의 예

Are you suggesting (that) I'm lazy?

(너 지금 내가 게으르다고 말하는 거니?)

I would never suggest such a thing.
(나 같으면 결코 그런 말은 비치지 않겠다.)
It is ridiculous to suggest we are having a romance.
(우리가 연애를 하고 있다는 듯이 말하는 것은 웃기는 일이다.)
It is wrong to suggest that there are easy alternatives.
(쉬운 대안이 있다고 말하는 것은 잘못된 것이다.)
I would humbly suggest that there is something wrong here.
(송구스럽습니다만 여기 뭔가가 잘못된 것 같습니다.)
Its hairy body suggests a mammal.
Earlier reports suggested that a meeting would take place on Sunday.

◈ suggest 다음에 준동사의 주어와 준동사(to 부정사)가 나오지 않고 명사절인 that 절이 온다.

So may I humbly suggest (that) we all do something next time.
(그래서 저는 우리 모두 다음에는 무엇인가를 해 보자고 감히 제안합니다.)
Are you pressed for time? If not, I suggest we have lunch.
(당신은 시간이 없으십니까? 그렇지 않으면, 저와 점심 식사라도 같이 하시죠.)
I would humbly suggest that there is something wrong here.
(저가 보기에 송구스럽습니다만 여기 뭔가가 잘못된 것 같습니다.)
I suggest (that) we gather enough firewood to last the night.
(나는 우리가 밤새 쓰기에 충분한 땔감을 모으자고 제안하고 싶다.)
It may also be a good move to suggest she talks things over.
(그녀에게 문제를 솔직하게 이야기해 보라고 제안하는 것도 좋은 방법일 수 있다.)

I suggest you try the chemist's in the high street.

The chairman suggested that the two sides should meet again the following day.

◈ suggest 동사 다음에 목적어로서 올 수 있는 준동사는 to 부정사가 아니라 동명사이다. 그러니까 suggest to do sth이 아니라 suggest doing sth의 형태로 쓰인다.

I suggest going in my car.

(내가 내 차로 가자고 제안했다.)

Can I suggest taking a package tour?

(패키지여행으로 가시지 그러세요?)

Don't suggest showing Mary how to knit.

(메리에게 뜨개질 하는 방법을 가르치겠다고 하지 말라구.)

They suggest spending about 15 minutes a day in the sun.

(그들은 하루에 약 십오 분 동안 햇빛을 쬐는 것을 추천합니다.)

Steve kicks up a fuss every time I even suggest seeing you.

(스티브는 내가 너를 만나겠다는 이야기만 꺼내도 매번 난리를 부려.)

May I suggest using a night stick, officer?

He suggested meeting us for a drink after the concert.

◈ suggest 동사 다음에 명사절인 that 절이 오는 경우에 that 절의 동사는 시제나 수에 관계없이 should+알몸동사(동사원형; bare infinitive)나 should가 생략된 알몸동사만 온다. 이런 종류의 동사로는 주장(insist), 요구(ask, beg, demand, request, require), 명령(command, order), 권고(advise, recommend, urge)와 제안 (propose, suggest) 등이 있다. 주로 글의 내용이 당위성(~해야 한다)을 나타내는 경우가 대부분이다. 이런 쓰임은 영국영어 보다 미국영어에서 두드러진 현상이다.

I suggest we gather enough firewood to last the night.

(나는 우리가 밤새 쓰기에 충분한 땔감을 모으자고 제안하고 싶다.)

I suggest to Mike that we go out for a meal with his colleagues.

She asked that she should be kept informed,

(그녀는 자기에게 계속 알려 달라고 요청했다.)

She asked that she be kept informed of developments.

(그녀는 일의 전개 상황을 자신에게 계속 알려 달라고 요청했다.)

She demanded that he apologize me.

(그녀는 그가 나에게 사과할 것을 요구했다.)

The analyst demands that she follow the policy.

(그 분석가는 그녀가 정책에 따르기를 요구한다.)

She insisted that he attend the party.

(그녀는 그에게 파티에 참석할 것을 고집했다.)

We insisted that the application be reviewed.

(우리는 신청서가 재검토되어야 한다고 주장했다.)

He commanded that employee do best.

(그는 종업원이 최선을 다하기를 명령했다.)

The general commanded that the troops withdraw.

(장군은 부대에 후퇴 명령을 내렸다.)

He recommended that I visit the museum.

(그는 내가 박물관을 방문해보길 추천했다.)

Sophia recommended that I start swimming for my health.

(소피아는 나의 건강을 위해서 수영을 할 것을 추천했다.)

He begged that he be allowed to go.

He proposed that the book be banned.

Managers require that monthly progress reports be turned in on time.

※ 그런데 반드시 that 절 앞에 동사만 오는 경우만 해당되지 않고 명사가 오더라도 동사와 같은 뜻의 당위성을 나타내는 경우에는 이와 같은 규칙이 똑같이 적용된다.

He gave orders that it (should) be done at once.

(그는 즉시 그것이 끝나야 된다고 명령했다.)

My advice is that she accept the terms of her contract.

(내 충고는 그녀가 계약서의 조항들을 수락해야 한다는 것이다.)

The police issued an order that all weapons be handed in immediately.

(경찰은 모든 무기들은 즉각 건네져야 된다고 명령했다.)

The expert advice is that we should proceed in that way.

You have given orders that Arthur should be liberated, have you not, dad?

◈ suggest의 명사형은 suggestion이다. suggestion은 ① "제안, 제의, 의견", ② "(특히 좋지 않은 일에 대한) 시사[암시]"(=hint), ③ "기미, 기색"(=trace)과 ④ "연상"이란 뜻으로 쓰인다.

①의 예

Can I make a suggestion?

(내가 제안 하나 할까요?)

We need to get it there by four. Any suggestions?

(우리는 그것이 네 시까지 거기 도착하게 해야 해.)

I'd like to hear your suggestions for ways of raising money.

(모금 방법에 대해 여러분들의 제안[의견]을 듣고 싶습니다.)

He agreed with my suggestion that we should change the date.

(우리가 날짜를 변경해야 한다는 나의 제안에 그가 동의했다.)

Are there any suggestions about how best to tackle the problem?
(어떻게 하면 그 문제를 가장 잘 해결할 수 있을지에 대해 어떤 의견들이 있을까요?)
I have lots of suggestions for the park's future.
We welcome any comments and suggestions on these proposals.

②의 예

She bridled at the suggestion that she was lying.
(그녀는 자기를 보고 거짓말을 하고 있다는 투의 말에 고개를 치켜들었다.)
He prickled at the suggestion that it had been his fault.
(그는 그것이 그의 잘못이었다는 취지의 말에 발끈 화가 났다.)
A spokesman dismissed any suggestion of boardroom rift.
(대변인이 중역실 내의 불화에 대한 어떤 시사도 일축했다.)
There was no suggestion that he was doing anything illegal.
(그 어떤 불법적인 일을 하고 있다는 암시는 전혀 없었다.)
There are suggestions that he might be supported by the Socialists.
(사회주의자들에 의해 지지를 받을지도 모른다는 암시가 있다.)
There was a suggestion of evil in his motives.
There's never been any suggestion that he will be allowed out of prison.

③의 예

There was a suggestion of rain in the air.
(공기 중에 미가 올 기미가 있었다.)
She looked at me with a suggestion of smile.
(그녀는 미소의 기색만 보이며 나를 바라보았다.)

There was also a suggestion of illegal drug use.

(또한 불법적인 마약 복용의 흔적이 있었다.)

I detected a suggestion of malice in his remarks.

(나는 그의 언급에 악의의 기미를 알아냈다.)

This bed has a firm, well-sprung mattress with not one suggestion of a sag.

④의 예

the power of suggestion(연상의 힘)

Don't belittle the power of suggestion.

(연상의 힘을 하찮게 보지 말아라.)

Don't underestimate the power of suggestion.

(연상의 힘을 과소평가하지 마라.)

Most advertisements work through suggestion.

(대부분의 광고는 연상을 통해 작용한다.)

The success of advertising depends on the power of suggestion.

(광고의 성공은 연상의 힘에 달려 있다.)

It is possible to create false memories in people's minds by suggestion.

11 wait와 expect의 차이

wait는 ① "기다리다, ② "(바라는 일이 이루어지기를, 특히 오랫동안) 기다리다",③ "(사물이) (사람이 사용하거나 갖도록) 기다리다[대기하다]"와 ④ "(긴급하지 않으므로) 미뤄지다"이란 뜻으로 쓰인다. expect는 ① "예상[기대]하다", ② "(오기로 되어 있는 대상을) 기다리다", ③ "(어떤 일을 하기를) 요구하다[기대하다/바라다]"와 ④ "(아마 …일 것이라고) 생각하다"란 뜻이다.

'기다리다'라는 뜻으로 경우 wait와 expect와 혼동을 일으킬 수 있다. 그런데 wait는 '누군가 오거나 또는 무엇이 나타날 때까지 어디에서 머무르는' 경우에 쓰인다. 그리고 expect는 '누군가 오거나 또는 무엇이 나타날 것을 믿는' 경우에 쓰인다.

〈wait의 경우〉

①의 예

Have you been waiting long?

(오래 기다렸나?)

She rang the bell and waited.

(그녀는 초인종을 울리고 기다렸다.)

Hurry up! we're waiting to go.

(서둘러! 우리가 가려고 기다리고 있잖아.)

You'll just have to wait your turn.

(넌 그저 너의 차례를 가다려야 할 거야.)

I've been waiting (for) twenty minutes.

(나는 이십 분 동안 기다리고 있다.)

I'll wait here until you get back.

I'll wait outside until the meeting's over.

②의 예

He's waiting for me to make a mistake.

(그는 내가 실수를 저지르기를 기다리고 있어.)

This is just the opportunity I've been waiting for.

(이것은 내가 기다려 온 바로 그 기회이다.)

Please don't wait until next Valentine's Day again.

(제발 내년 발렌타인 데이 때까지 기다리지 마세요.)

Leeds United had waited for success for eighteen years.

(리즈 유나이티드는 십팔 년 동안 우승을 기다려 왔었다.)

I waited my chance and slipped out when no one was looking.

(나는 기회를 기다렸다가[보다가] 아무도 안 볼 때 빠져 나왔다.)

As I had to wait for him for a long time, I was irritated.

This is why many children wait for Children's Day to come.

③의 예

Vehicles wait to pass the train.

(차들이 기차가 지나가기를 기다리고 있다.)

There'll be a car waiting for you.

(당신을 위해 승용차가 준비되어 있을 겁니다.)

There's a letter waiting for you at home.

(집에 편지 한 통이 너를 기다리고 있어[네 앞으로 편지가 한 통 와 있어].)

The hotel had a taxi waiting to collect us.

(호텔에서 우리를 태울 택시를 대기시켜 놓고 있었다.)

There's a taxi waiting at the end of the dock.

(부두 끝에 기다리고 있는 택시가 있다.)

He had a taxi waiting to take him to the train.

When we came home we had a meal waiting for us.

④의 예

Please don't wait dinner for us.

(우리 때문에 식사를 늦추지 마십시오.)

That matter can wait until tomorrow.

(그 문제는 내일까지 미루어도 된다.)

I want to talk to you, but it can wait.

(내가 너랑 얘기하고 싶지만, 나중으로 미루어도 돼.)

We figured the sensible thing to do was to wait.

(우리는 기다리는 것이 현명한 처사라고 생각했다.)

I've got some calls to make but they can wait until tomorrow.

(내가 몇 군데 전화할 일이 있지만 그건 내일까지 미뤄도 돼.)

I want to talk to you, but it can wait.

Any changes will have to wait until sponsors can be found.

◈ wait는 명사로 "기다리기, 기다림, 기다리는 시간"이란 뜻으로 쓰인다.

We had a long wait for the bus.

(우리는 버스를 오래 기다렸다.)

What's the wait for the next bus?

(다음 버스를 타려면 얼마나 기다려야 합니까?)

They said it would be about a 15-minute wait.

(약 십오 분 정도 기다려야 한다고 하더군요.)

The prospect of a long wait in the rain did not appeal.

(빗속에서 오래 기다릴지도 모르는 일은 매력이 없었다.)

He now faces an agonizing two-month wait for the test results.
(그는 이제 시험 결과가 나올 때까지 두 달이라는 괴로운 기다림을 앞두고 있다.)
You'll have a bloody, long wait.
We have a long wait before us, I fear.

◈ wait는 숙어로 keep sb waiting, waitand see와 wait a minute/moment/second 등이 있다.

▶ keep sb waiting: keep sb waiting은 "(늦게 도착하여) ~을[를] 기다리게 하다"라는 뜻으로 쓰인다.
You must not keep him waiting.
(자네는 그를 기다리게 하지 마라.)
I'm sorry to have kept you waiting.
(저가 당신을 기다리시게 해서 죄송해요.)
Don't keep me waiting for too long.
(날 너무 오래 기다리게 하지 말아요.)
Here is your drink, Sorry to keep you waiting.
(여기 음료수 나왔습니다. 당신을 기다리게 해서 죄송합니다.)
Well, I never like to keep a beautiful woman waiting.
(음, 나는 아름다운 여성을 기다리게 하는 것을 좋아하지 않았다.)
I keep waiting for him to say he loves me and he hasn't.
Client was kept waiting one hour for medical examination.

▶ wait and see: wait and see는 "(인내심을 갖고) 기다려[두고] 보다"라는 뜻으로 쓰인다.

a wait-and-see policy(관망하는 정책)

We'll have to wait and see what happens.

(무슨 일이 일어날지 두고 봐야지.)

Let's wait and see what will happen later.

(나중에 무슨 일이 일어나게 될 지 두고 보자.)

That's sort of an iffy matter. Let's wait and see.

(확실치 않은 일이라서. 좀 두고 보자구.)

With so many ifs and buts, it is easier to wait and see.

(조건과 이의들이 너무 많아서 기다려 보는 것이 더 수월하겠다.)

A: Where are we going?

B: Wait and see!

(A: 우리 어디 가는 거니?

B: 기다려 봐!)

I'm pretty tired. Let's wait and see how I feel.

We'll just have to wait and see—there's nothing we can do at the moment.

▶ wait a minute/moment/second: wait a minute/moment/second는 ① "잠깐 기다리다"와 ② "가만 있자[있어봐](방금 무엇을 알아챘거나 기억이 났을 때, 갑자기 어떤 생각이 떠올랐을 때 하는 말)"란 뜻으로 쓰인다.

①의 예

Wait a minute, and don't hang up the phone.

(전화 끊지 말고 잠시 기다리세요.)

Can you wait a second while I make a call?
(내가 전화 한 통화 할 동안 잠깐 기다려 줄 수 있겠니?)
Wait a minute, folks, something is wrong here.
(여보게들, 잠깐 기다려. 여기 뭔가 이상한데.)
Wait a minute, don't say anything weird
Wait a minute, I know there wasn't a wall here

Could you wait a moment, please?
(잠깐만 기다려 주시겠어요?)
If you can wait a moment, I'll sort it all out for you.
(잠깐만 기다려 주시면 제가 그것을 다 해결해 드리겠어요.)
Please take a seat over there and wait for a moment.
(저쪽에 앉으셔서 잠시만 기다려 주십시오.)
Wait a moment. I want to tell you something.
She must wait a moment, or he would think her mad.

Wait a second, I'm not finished.
(잠깐만 기다려, 난 안 끝났어.)
Can you wait a second while I make a call?
(내가 전화 한 통화 할 동안 잠깐 기다려 줄 수 있겠니?)
Wait a second. He will get here any day now.
(잠시만 기다리세요. 그는 곧 올 것이에요.)
Wait a second. I've never said that.
Wait a second, did you say pregnancy?

②의 예

Wait a minute—this isn't the right key.

(가만 있자. 이게 맞는 열쇠가 아니잖아.)

Wait a minute, it's twelve o'clock already?

(있어봐, 지금 벌써 열두 시야?)

Wait a minute - are you saying he lied to me?

(있어봐, 그가 나한테 거짓말 했단 말이야?)

Wait a minute - are you seeing someone else?

(가만 있자. 다른 누구랑 만나고 있니?)

Wait a minute. Santa Clauses are going back to school?

(있어봐, 산타 클로스가 학교로 돌아가고 있다고?)

Wait a minute, you didn't know about the radio show?

"Wait a minute!" he broke in. "This is not giving her a fair hearing!"

◈ wait의 구동사(phrasal)로는 wait on sb, wait on sth/sb와 wait sth out 등이 있다.

▶ wait on sb: wait on sb는 "(특히 식사) 시중을 들다"라는 뜻으로 쓰인다.

She will wait on table.

(그녀가 식사 시중을 들 것이다.)

He deserves to wait on us.

(그는 우리의 시중을 들 만하다.)

They are lousy tippers and hell to wait on.

(그들은 팁을 형편없이 주는 사람들이고, 시중들기에 최악이다.)

There were plenty of servants to wait on her.
(많은 하인들이 그녀의 시중을 들었다.)
They must wait on you hand and foot 24 hours a day.
(그들은 하루 24시간 당신의 손과 발이 되어 시중들어야 한다.)
This is why I told the manager I wouldn't wait on you.
Each student is expected to wait at table for one week each semester.

▶ wait on sth/sb: wait on sth/sb는 "(어떤 일을 하거나 결정하기 전에) ~을[를]기다리다"라는 뜻으로 쓰인다.
Which line should I wait on?
(저는 어느 줄에서 기다려야 하죠?)
They will wait on you if you hurry.
(자네가 급히 서두르면 그들이 기다려 줄 것이다.)
We often think the world will wait on us.
(우리는 종종 세상이 우리를 위해 기다릴 것이라고 생각합니다.)
She is waiting on the result of a blood test.
(그녀는 혈액 감사 결과를 기다리고 있다.)
I thought I told you to wait on the command ship.
(나는 당신에게 그 지휘함에서 기다리라고 말했던 것으로 생각했다.)
I know how long you waiting on a title.
We cannot wait on the government to make changes at its own pace.

▶ wait sth out: wait sth out는 "(좋지 않은 일이) 끝나기를 기다리다" 라는 뜻으로 쓰인다.
We need to be patient and wait it out.
(우리는 침착하게 그것이 끝날 때 까지 기다려야 한다.)

We sheltered in a doorway to wait out the storm.

(우리는 어느 집 문간에 피해 서서 폭우가 끝나기를 기다렸다.)

I'm just going to wait it out and see what happens.

(난 단지 결과를 끝까지 지켜보려해.)

They waited out the rain by staying inside and drinking tea.

(그들은 안에서 차를 마시면서 비가 그치기를 기다렸다.)

Although most people decided to wait out the storm, a few braved the heavy rain.

(대부분의 사람들은 폭풍우가 지나갈 때까지 기다리기로 했지만 몇몇 사람은 심한 폭우를 아랑곳하지 않았다.)

She said the family was waiting out the flooding.

Evacuees sat listlessly in public buildings waiting out the storm.

◈ wait 다음에 전치사가 오는 경우에는 전치사 for가 와서 wait for sb/sth의 형태가 된다.

Wait for the game to load.

(그 게임이 로딩될 때까지 기다려.)

You don't need to wait for me.

(자네는 나를 위해 기다릴 필요는 없어.)

We're waiting for the rain to stop before we go out.

(우리는 외출하기 전에 비가 그치기를 기다리고 있다.)

I walk to a street corner and wait for the school bus.

(나는 거리 모퉁이로 걸어가서 학교 버스를 기다린다.)

The manager will be free soon—you can wait for her here.

(매니저님이 곧 시간이 날 겁니다. 여기서 (그 분을) 기다리세요.)

I'll wait for you outside the post office.

What can I do while I'm waiting for the paint to dry?

◈ 격식을 차리지 않는 경우에 '누군가 또는 무엇을 정말로 손꼽아 기다리는 것을 나타내기 위해서' "~등이 (어서 …하기를) 몹시 바라다[어서 빨리 …하고 싶어 하다], 기다릴 수 없다, 너무 …하고 싶다"라는 뜻의 주어 (just) can't wait 나 주어 can hardly wait 가 쓰인다. 이 때 회화에서 주어가 they 등도 있지만 자주 쓰이는 주어는 I나 We이다.

We can't wait to get started.
(우리는 어서 시작되기를 무척 바란다.)
We can't wait to hear the patter of tiny feet.
(우리는 아기가 아장아장 걷는 소리를 어서 듣고 싶다.)
The children can't wait for Christmas to come.
(아이들은 어서 크리스마스가 되기를 바라고 있다.)
A: I can't wait to see it.
B: Same here.
(A: 난 그게 너무 보고 싶어 기다릴 수가 없어.
B: 나도 그래.)
I can't wait to see you again.
I can't wait to get back home.
I can hardly wait to see him again.
(나는 어서 빨리 그를 다시 만나고 싶다.)
I'm so excited and I can hardly wait until Christmas day!
(나는 너무 신나서 크리스마스 날까지 기다릴 수 없을 것 같아!)
I could hardly wait for "Boys' Life" to appear each month.
(나는 매달 "보이즈 라이프" 발행을 손꼽아 기다린다.)
I can hardly wait that he gets a child.
I can hardly wait for the holidays to begin.

〈expect의 경우〉

①의 예

Don't expect sympathy from me!

(나한테서 연민을 기대하진 마!)

Do you really expect me to believe you?

(넌 정말 내가 너를 믿으리라고 기대하니?)

House prices are expected to rise sharply.

(주택 가격이 급증할 것으로 예상된다.)

That's not the sort of behavior I expect of you!

(그건 내가 네게 기대하는 종류의 행동이 아냐!)

I looked back, half expecting to see someone following me.

(나는 누군가가 나를 따라오는 것을 보게 되기를 반쯤 기대하며 뒤를 돌아보았다.)

It is expected that the report will suggest some major reforms.

Many people were expecting (that) the peace talks would break down.

②의 예

* 이 경우 흔히 진행형으로 쓰인다.

to expect a visit/call/letter from sb(…의 방문/전화/편지를 기다리다)

Are you expecting visitors?

(누구 오기로 했어요[기다리세요]?)

We were expecting him yesterday.

(우리는 어제 그를 기다렸다.)

We were expecting him to arrive yesterday.

(우리는 어제 그가 올 거라고 기다렸다.)

We were expecting him home again any day now.

I am expecting several important letters but nothing has arrived.

③의 예

Are you clear what is expected of you?

(네게서 요구[기대]되는 게 뭔지 알겠니?)

I expected to be paid promptly for the work.

(그 일에 대한 보수를 즉각 지불해 주기를 바랍니다.)

Her parents expected high standards from her.

(그녀의 부모님을 그녀에게서 높은 수준을 요구[기대]하셨다.)

They expected all their children to be high achievers.

(그들은 자녀들이 모두 큰 성공을 거두길 바랐다.)

He's still getting over his illness, so don't expect too much from him.

(그는 아직도 병에서 회복되고 있는 중이야. 그러니 너무 많은 것을 요구[기대]하지마.)

We are expecting a rise in food prices this month.

I do expect to have some time to myself in the evenings.

④의 예

* 이런 뜻으로 쓰이는 경우에는 진행형으로 쓰이지 않는다.

Do you really expect me to believe that?

(자네 설마 내가 그걸 믿기를 바라는 건 아니겠지?)

We can expect trouble from this moment on.

(우리에게 지금부터 계속 어려움이 있을 것 같다.)

I know it's asking a lot to expect them to win again.

(그들이 또 이겨 주길 바라는 건 지나친 기대란 거 알아요.)

A: Will you be late?

B: I expect so.

(A: 늦을 거니?

B: 아마 그럴 거야.)

A: Who's eaten all the cake?

B: Tom, I expect. / I expect it was Tom.

(A: 케이크를 누가 다 먹었지?

B: 아마 톰일 거예요.)

I expect you can guess what follows.

I expect she does love you in her own way.

◈ expect는 숙어로 be expecting a baby/child, be (only) to be expected와 what (else) do you expect?가 있다.

▶ be expecting a baby/child : be expecting a baby/child는 "임신 중이다[출산 예정이다)"라는 뜻이다.

She is expecting her first child.

(그녀는 첫아이를 임신 중이다.)

Anne's expecting a baby in June.

(앤은 육 월에 출산 예정이다.)

I told him I was expecting a child.

(전 그에게 임신했다고 말했어요.)

My wife is expecting her baby next month.

(나의 아내는 다음 달 출산할 예정이다.)

And Hill is expecting another child soon.

(그리고 힐은 곧 또 다른 아이를 임신한다.)

I hear Dawn's expecting again.

She was expecting another baby.

▶ be (only) to be expected: be (only) to be expected는 "(아주) 정상이다[당연하다]"라는 뜻이다.

It is not to be expected in him.

(그러한 일은 그 사람답지 않다.)

That's to be expected in any business.

(그건 어느 사업을 하나 정상이다.)

She's still in some pain, but that's to be expected.

(그녀는 여전히 약간 아프다. 그런데 그건 당연하다.)

That is to be expected in the cut and thrust of politics.

(그것은 정치에서의 의견교환에 있어 당연한 것입니다.)

A little tiredness after taking these drugs is to be expected.

(이 약은 먹은 뒤 약간 피로감이 드는 것은 정상이다.)

I suppose such things are to be expected.

It's to be expected at your age.

▶ what (else) do you expect?: what (else) do you expect?는 "당연한 것 아니냐[그게 뭐 놀랄 일이냐]?"라는 뜻이다. 이와 같은 표현으로 what can you expect?가 있다.

Well, what do you expect? That's you.

(당신이 한 일인데 어련하겠어요.)

What do you expect? The track is in the middle of a desert.

(그게 뭐 놀랄 일이냐? 경주로가 사막 중앙에 있어.)

Of course, I told him everything, what do you expect?

(물론 내가 그에게 모든 걸 말했지. 당연한 것 아니냐?)

Well, what do you expect from a movie called *A Shark's Tale*?
(제목이 『샤크의 이야기』인데 너무 당연한 얘기 아닌가?)
She swore at you? What do you expect when you treat her like that?
(그녀가 네게 욕을 했다구? 네가 그녀를 그렇게 취급했는데 당연한 거 아냐?)
If a guy hunts and owns guns, what do you expect?
It tastes artificial, but at that price what can you expect?
She shouted at you? What do you expect when you treat her like that?

익힘문제

＊ 다음 글에서 틀린 부분이 있으면 고쳐 쓰세요.

1. I'd like to increase my English.

2. She suggested to go to the zoo.

3. I suggest you to take more exercise.

4. The bathroom was already inhabited.

5. I'm waiting a letter from my boyfriend.

6. I stopped and waited the truck to pass.

7. The epidemic began to expand rapidly.

8. How much will it cost to rent some skis?

9. I have to catch up all the lessons I missed.

10. I apologize that I can't come to the wedding.

11. We arrived to the hotel in time for dinner.

12. I'm hiring a small house near the university.

13. She spends most of her free time on reading.

14. The waiter was made to apologize my father.

15. If you like riding, there are horsed you can rent.

16. They don't have any money to spend for luxuries.

17. She insisted on apologizing her husband's behavior.

18. She arrived the station just in time to catch the train.

19. The report takes a choice look on meat consumption.

20. When the train arrived at Munich, he was still asleep.

21. Parents should spend more time to look after their children.

22. The government is trying to increase the level of education.

23. The remoter mountain regions are still occupied by indigenous tribes.

24. New job opportunities will never catch up the rapid growth in population.

25. Someone should inspect the kitchen twice a week to look whether everything is nice and clean.

ANSWERS

1. I d like to improve my English.
2. She suggested going to the zoo.
3. I suggest (that) you take more exercise.
4. The bathroom was already occupied.
5. I m expecting a letter from my boyfriend.
6. I stopped and waited for the truck to pass.
7. The epidemic began to spread rapidly.
8. How much will it cost to hire some skis?
9. I have to catch up on all the lessons I missed.
10. I apologize for not being able to come to the wedding.
11. We arrived at the hotel in time for dinner.
12. I m renting a small house near the university.
13. She spends most of her free time reading.
14. The waiter was made to apologize to my father.
15. If you like riding, there are horsed you can hire.
16. They don t have any money to spend on luxuries.
17. She insisted on apologizing for her husband s behavior.
18. She arrived at the station just in time to catch the train.
19. The report takes a choice look at meat consumption.
20. When the train arrived in Munich, he was still asleep.
21. Parents should spend more time looking after their children.
22. The government is trying to raise the level of education.
23. The remoter mountain regions are still inhabited by indigenous tribes.
24. New job opportunities will never catch up with the rapid growth in population.
25. Someone should inspect the kitchen twice a week to see whether everything is nice and clean.

PART 2

준동사

1 bored와 boring의 차이

1 bored와 boring의 차이

bored는 "지루해[따분해]하는"이란 뜻이고, boring은 "재미없는, 지루한"이란 뜻이다.

bored는 대개 be 동사나 get 동사와 합쳐져 수동 형태를 만들면서 과거분사로서 형용사로 쓰이고, boring은 be 동사와 합쳐져 능동 형태를 만들면서 현재분사로서 형용사로 쓰인다. 그러니까 bored는 '피곤하고 관심이 없고, 그 무엇으로 인해 영향을 입어서 지루해지거나 따분해지는' 경우에 쓰인다. boring은 '누군가로 하여금 피곤하고 관심이 없도록 하여 그 무엇이 영향을 주어서 재미가 없거나 지루한' 경우에 쓰인다. 그런데 boring과 비슷한 뜻으로 쓰이는 것으로 dull이 있다. boring과 dull 둘 다 재미없는 것을 의미하는 경우에 쓰이는데, dull은 보통 강연, 책이나 영화 등을 묘사하는 경우에 쓰인다. 그리고 boring과 dull이 재미없는 경우에 쓰이는데, dull은 보통 강연, 책이나 영화 등을 묘사하는 경우에 쓰인다. dull은 ① "따분한, 재미없는"(=dreary), ② "흐릿한, 칙칙한, 윤기 없는", ③ "둔탁한", ④ "흐린, 구름이 잔득 낀"(=overcast), ⑤ "(심하지는 않지만 계속) 무지근하게 아픈", ⑥ "둔한"(=stupid)과 ⑦ 특히 미국영어에서 "침체된, 부진한"이란 뜻으로 비교적 boring에 비해 다양하게 쓰인다. dull은 사람을 묘사할 때 쓰이는데, '배우거나 이해하는데 느린' 경우에 쓰인다.

〈bored의 경우〉

The women are cross and bored.
(그 여자들이 짜증을 내며 따분해한다.)
Well, at least they weren't bored.
(글쎄, 그들이 적어도 지루해하지는 않았어.)
"Take a seat," he said in a bored tone.
("앉아."라고 그는 지겨워하는 목소리로 말했다.)

There was a bored expression on her face.
(그녀의 얼굴에 지루해하는 표정이 어려 있었다.)
I am getting very bored with this entire business.
(나는 이 일 전체가 굉장히 지루해지기 시작한다.)
The children quickly got bored with saying indoors.
(그 아이들은 실내에 있는 것에 금방 지루해졌다.)
She had begun to be a little bored with novel writing.
(그녀는 소설 쓰는 것이 조금 싫증나기 시작한 참이었다.)
When he got bored he wandered around the fair.
I'm bored with pasta and tomatoes—I want something different.
I got bored with lying on the beach and went off to explore the town.

◈ bored의 숙어로 bored stiff | bored to death/tears | bored out of one's mind가 있다.

▶ bored stiff | bored to death/tears | bored out of one's mind: bored stiff | bored to death/tears | bored out of one's mind는 "지루해[심심해] 죽을 지경인"이란 뜻이다.

I'm bored stiff.
(나 따분해 죽을 지경이야.)
I'm bored stiff just sitting here.
(내가 여기에 앉아 있으려니 지루해서 좀이 쑤신다.)
Nothing's new anymore and you're bored to death.
(어떤 것도 더 이상 새롭지 않으니 자네는 심심해 죽을 지경이다.)
Anna tried to look interested. Actually, she was bored stiff.
(애너는 흥미가 있는 것처럼 보이려고 애를 썼다. 사실 그녀는 지루해

죽을 것 같았다.)

After listening to the speech for three hours I was bored stiff.

She was no longer bored to death .

(그녀는 이제 더 이상 무료하지 않았다.)

I was bored to death during the lecture.

(나는 강의 시간에 지루해서 죽을 뻔했다.)

This party is boring, and I'm bored to death.

(이 파티가 지루해서 나도 따분해 죽겠어.)

We were bored to death by the principal's speech.

I'm really bored out of my mind .

(나는 지루해서 죽을 지경이다.)

I was bored out of my mind, the humor was tolerable at best.

(나는 지루해 죽는 줄 알았다. 그 유머는 기껏해야 견딜만한 수준이었다.)

What are some good movies that have came out lately? I'm bored out of my mind.

(요즘 나온 좋은 영화 뭐 있어? 나 심심해 죽겠어.)

That was one of the most depressing experiences of my life. I was bored out of my mind after five minutes.

I'm bored to tears .

(나 따분해 죽을 지경이야.)

Anyone over 11 will be bored to tears.

(열한 살 이상이면 누구나 지겨워서 못 견딜 것이다.)

If they don't, they will be bored to tears.

(만약 그들이 그러지 않는다면, 그들은 매우 따분해 할 거야.)

His lecture bored the students to tears.

〈boring의 경우〉

a boring job/book/evening(재미없는 직장/책/저녁), a boring man(재미없는 남자)

She finds it boring at home.

(그녀는 집에 있는 것을 따분해 한다.)

I felt she found me boring and dull.

(그녀가 나를 지루하고 재미없다고 생각하는 것 같았다.)

He found the whole thing very boring.

(그는 그 모든 것[일]이 아주 지루했다.)

Her novels are middle-aged and boring.

(그녀가 쓴 소설은 시대에 뒤떨어지고 따분하다.)

A few jokes add leaven to a boring speech.

(농담 몇 마디가 지루한 연설에 변화[생기]를 더해 준다.)

She had to entertain some boring local bigwigs.

(그녀는 재미없는 지역 주요 인사 몇 명을 접대해야 했다.)

He is living proof that not all engineers are boring.

(그는 모든 기술자들이 다 재미없는 것은 아님을 보여주는 살아 있는 증거이다.)

Many diets fail because they are boring.

I find most of the young men of my own age so boring.

The lecture was terribly boring. Some of us were so bored that we fell asleep.

◈ boring의 동사는 bore ((특히 말을 너무 많이 해서) 지루하게[따분하게] 만들다)이다.

I'm not boring you, am I?

(내 얘기가 따분한 건 아니지, 응?

The movie bore me to death.

(난 그 영화 지겨워 죽겠더라.)

Has he been boring you with his stories about his trip?

(자기 여행 얘기들로 그가 당신을 지루하게 하고 있는 건 아닌가요?)

Monuments and museums bore him to tears.

▶ bore는 동사로 "((특히 말을 너무 많이 해서) 지루하게[따분하게] 만들다)"라는 뜻 이 외에 ① "(깊은 구멍을) 뚫다[파다]"와 ② "(눈이 뚫어지게 들여다[쏘아]보다"라는 뜻으로도 쓰인다.

①의 예

to bore a hole in sth(~에 구멍을 뚫다[파다])

This drill won't bore.

(이 송곳은 안 뚫어진다.)

The men would bore holes through the machine.

(그 남자들은 기계에 구멍을 뚫을 것이다.)

The drill is strong enough to bore through solid rock.

(이 드릴은 단단한 바위를 뚫을 수도 있을 정도로 강력하다.)

Get the special drill bit to bore the correct-size hole for the job.

②의 예

His eyes seemed to bore into me.

(그의 두 눈이 나를 뚫어지게 쏘아보는 듯 했다.)

His blue eyes seemed to bore into her.

(그의 푸른 눈이 그녀를 뚫어지게 쏘아보는 듯 했다.)

His eyes seemed to bore a hole into mine.

(그의 두 눈이 나의 두 눈을 뚫어지게 쏘아보는 듯 했다.)

His eyes bored into her, robbing her of movement.

◈ bored와 boring의 관계와 같이 비슷한 경우는 excited/exciting, frightened/frightening과 interested/interesting 등과 마찬가지이다.

▶ excited/exciting: excited는 "신이 난, 들뜬, 흥분한, 초조한"이란 뜻이고, exciting는 "신나는, 흥미진진한, 흥분하게 하는"이란 뜻이다.

I'm really excited at the prospect of working abroad.

(난 해외에서 근무할 생각해 정말 신난다[흥분된다].)

The children were excited about opening their presents.

(아이들이 선물을 열어 보느라 신이 나 있었다.)

Don't get too excited by the sight of your name in print.

(자기 이름이 활자화된 것을 보고 너무 들뜨지 말라.)

He was very excited to be asked to play for Wales.

We need an exciting trip to add some spice to our lives.

(우리는 삶에 약간의 흥취를 더하기 위해 신나는 여행이 필요하다.)

They waited and waited for something exciting to happen.

(그들은 무슨 신나는 일이 일어나기를 기다리고 또 기다렸다.)

He told me all the news but none of it was very exciting.
(그가 나에게 소식을 전부 다 말해 주었지만 하나도 별로 신나지가 않았다.)
This is one of the most exciting developments in biology in recent years.
(이것은 최근 몇 해 동안에 있은 생물학 부문의 가장 흥미진진한 발전 사항들 가운데 한 가지이다.)
Every day was exciting and adventuresome.

▶ frightened/frightening : frightened는 "겁먹은, 무서워하는"이란 뜻이고, frightening은 "무서운"이란 뜻이다.
What are you frightened of?
(넌 뭐가 무서운 거지?)
I'm too frightened to ask him now.
(난 이제 너무 겁이 나서 그에게 물어 볼 수가 없어.)
I'm frightened of walking home alone in the dark.
(나는 밤에 혼자 걸어서 집에 가는 것이 무섭다.)
She was frightened that the plane would crash.

It's frightening to think it could happier again.
(그것이 다시 발행할 수 있다고 생각하면 무섭다.)
I just can't live hand to mouth, it's too frightening.
(나는 하루살이로는 정말 살 수 없다. 그것은 너무 끔찍하다.)
Terrorism has taken on a new and frightening aspect.
(테러리즘은 새롭고 무서운 양상으로 접어들었다.)
It's still strange to me, and a little frightening.

▶ interested/interesting: interested는 "관심[흥미] 있어 하는, 이해관계가 있는"라는 뜻이고, interesting은 "(특별하거나 신나거나 특이해서) 재미있는, 흥미로운"이란 뜻이다.

I'm very interested in history.

(나는 역사에 관심이 많다.)

We would be interested to hear your views on this subject.

(이 주제에 대해 당신의 견해를 듣는다면 흥미로울 것 같습니다.)

Anyone interested in joining the club should contact us at the address below.

(클럽 가입에 관심 있으신 분은 아래 주소로 저희에게 연락 주세요.)

He sounded genuinely interested.

(그는 정말 흥미를 느끼는 것 같았다.)

Can't we do something more interesting?

(우리 뭐 좀 더 재미있는 것 할 수 없어?)

I find it interesting that she claims not to know him.

(나는 그녀가 그를 모른다고 주장하는 것이 흥미롭다.)

It would be interesting to know what he really believed.

(그가 진짜 믿은 것이 무엇인지를 알면 흥미로울 것이다.)

It is particularly interesting to compare the two versions.

〈dull의 경우〉

①의 예

Life in a small town could be deadly dull.

(작은 소도시에서의 생활은 지독히 따분할 수가 있다.)

The first half of the game was pretty dull.

(그 경기 전반전은 상당히 재미가 없었다.)

Broadcast news was accurate and reliable but deadly dull.
(방송 뉴스는 정확하고 믿을 만하였으나 지독히도 재미없었다.)
The lecture was so dull that some of the students got up and left.

②의 예

a dull grey colour(칙칙한 회색), dull, lifeless hair(윤기도 없고 생기도 없는 머릿결)
Her eyes were dull.
(그녀의 두 눈은 흐리멍텅했다.)
Bright curtains can cheer up a dull room.
(밝은 커튼은 칙칙한 방에 생기를 줄 수 있다.)
The house was dull, old-fashioned and in bad condition.
(그 집은 우중충하고 구식이며 상태가 안 좋았다.)
Flowers can bring a dull room back to life.

③의 예

I heard a dull thud from upstairs.
(위층에서 쿵 하는 둔탁한 소리가 들렸다.)
His head hit the floor with a dull thud.
(그의 머리가 둔탁하게 쿵 하는 소리를 내며 바닥에 부딪쳤다.)
The gates shut behind him with a dull thud.
(대문이 그의 등 뒤로 둔탁하게 쿵하는 소리를 내며 닫혔다.)
The coffin closed with a dull thud.

④의 예

It was a dull, grey day.

(날씨가 흐리고 구름이 많이 낀 날이었다.)

Today it will be dull and overcast.

(오늘은 흐리고 구름이 많이 끼겠습니다.)

It has been rather dull and overcast in London this week.

(이번 주 런던은 다소 흐리고 구름이 뒤덮여있습니다.)

The weather is dull and I wasn't in a good mood.

⑤의 예

a dull ache/pain(둔통)

My headache faded to a dull throbbing.

(머리가 아프던 것은 묵직한 욱신거림으로 약해져 갔다.)

But after a while the pain becomes dull.

(하지만 잠시 후에 그 통증이 무지근하게 아팠다.)

Most patients feel only a slight tingling or a dull ache.

(대부분의 환자들은 겨우 가벼운 쑤심이나 무딘 아픔을 느낄 뿐입니다.)

The pain, usually a dull ache, gets worse with exercise.

⑥의 예

I don't like people who are dull and boring.

(나는 둔하고 재미없는 사람을 좋아하지 않는다.)

All work and no play makes Jack a dull boy.

(일만 하고 놀지 않으면 바보스런 아이가 된다.)

* 이 표현은 속담이다.

He was one of the dullest students I'd ever taught.

(그는 내가 여태껏 가르친 가장 둔한 학생들 가운데 한 명이다.)

Some of the dullest people in the world are in this room.

⑦의 예

Business is dull.

(경기가 침체되어 있다.)

Don't sell into a dull market.

(시장이 침체되어 있을 때는 매도하지 마라.)

The town is still trying to cast off its dull image.

(그 소도시는 침체된 이미지를 벗어 던지기 위해 아직도 애쓰고 있는 중이다.)

The market is dull[depressed].

◈ dull은 형용사 이 외에 동사 ① "(통증 · 감정이) 둔해지다, 약해지다, 누그러지다", ② "굼뜨게 만들다"와 ③ "흐릿해지다, 둔탁해지다"이란 뜻으로도 쓰인다.

①의 예

I have medicines that can dull the pain.

(고통을 완화시킬 수 있는 약을 내가 갖고 있다.)

It somewhat dulls my senses at this time of day.

(그것은 하루 중 이맘 때 내 감각을 어느 정도 완화시켜준다.)

The tablets they gave him dulled the pain for a while.

(그들이 그에게 준 약 덕분에 통증이 한동안 누그러졌다.)

Something to dull the senses before we dive into my folding stuff.

②의 예

He felt dulled and stupid with sleep.

(그는 잠이 와서 굼뜨고 멍청해진 기분이었다.)

③의 예

Wine dulls the senses.

(포도주를 마시면 머리가 아둔해진다.)

The endless rain seemed to dull all sound.

(끊임없이 내리는 비 때문에 모든 소리가 흐릿해진 것 같았다.)

His eyes dulled and he slumped to the ground.

(그의 두 눈이 흐릿해지더니 그가 땅에 푹 거꾸러졌다.)

Since I haven't practiced, my skill has dulled.

◈ dull은 숙어로 (as) dull as dishwater(美)/(as) dull as ditchwater(英)가 있다.

▶ (as) dull as dishwater(美)/(as) dull as ditchwater(英): (as) dull as dishwater (美)/(as) dull as ditchwater(英)는 "구정물같이 우중충한; 지독히도 따분한"(=very boring)이란 뜻이다.

His class is dull as dishwater.

(그의 강의는 아주 지루하다.)

It's not particularly challenging, just dull as dishwater.

(그건 특별히 도전적인 것은 아니고 그저 지극히 따분할 따름입니다.)

The atmosphere was dull as dishwater that the guests left the party.
(분위기가 몹시 지루해서 손님들이 모두 파티장을 떠났다.)
Bill Nelson, former astronaut that he is, is still as dull as dishwater.

Unlike Istanbul, the circuit is as dull as ditchwater.
(이스탄불과 달리, 경주로는 굉장히 따분하다.)
The subject of this debate should not be as dull as ditchwater.
(이 토론의 주제가 아주 지겨운 것이 되어서는 안 된다.)
Best-seller or not, the book sounds as dull as ditchwater to me.
(베스트 셀러 이든 아니든 그 책은 지독히도 따분하게 보인다.)
The title of our debate seems as dull as ditchwater, but we are debating an important issue.

익힘문제

* 다음 글에서 틀린 부분이 있으면 고쳐 쓰세요.

1. My job at the bank was very bored.

2. You'll be boring with nothing to do.

3. I'm really, really exciting about leaving.

4. And I promise, nothing you say is bored.

5. I don't think I'll ever get bored of the book.

6. It was such a dull job that I decided to leave.

7. We get very boring with the same food every day.

8. If I did the same thing every day, I would be dull.

9. What do you mean, you're so frightening sometimes?

10. Brown was never interesting in a mandate, he was only ever interesting in power.

ANSWERS

1. My job at the bank was very boring.
2. You ll be bored with nothing to do.
3. I m really, really excited about leaving.
4. And I promise, nothing you say is boring.
5. I don t think I ll ever get bored with the book.
6. It was such a boring job that I decided to leave.
7. We get very bored with the same food every day.
8. If I did the same thing every day, I would be bored.
9. What do you mean, you re so frightened sometimes?
10. Brown was never interested in a mandate, he was only ever interested in power.

PART 3

명사

1 discussion과 argument의 차이

2 force와 power의 차이

3 grade와 rank의 차이

4 mankind의 쓰임새

5 mist와 fog의 차이

6 payment와 fee의 차이

7 shade와 shadow의 차이

8 wage와 salary, pay의 차이

1 discussion과 argument의 차이

discussion은 ① "논의, 상의"와 ② "(어떤 주제를 말이나 글로) 논한 것, 논고"라는 뜻으로 쓰인다. argument는 ① "논쟁, 언쟁, 말다툼", ② "논거, 주장"과 ③ "논의"란 뜻으로 쓰인다.

discussion 은 '특히 서로 다른 견해가 표현될 수 있도록 하는 어떤 것에 대해 말하는 것'인 경우이다. argument 는 '말다툼이나 의견이 불일치하는 것'인 경우나 '특히 누군가를 설득하려고 할 때 자신의 견해를 지지해주기 위해 자신이 제공하는 이유'인 경우이다.

〈discussion 의 경우〉

①의 예

a topic/subject for discussion(논의의 주제)

The plans have been under discussion for a year now.

(그 계획들은 지금 일 년 동안 논의되고 있는 중이다.)

Discussion are still taking place between the two leaders.

(그 두 지도자들 사이에서 아직도 논의기 진행되고 있는 중이다.)

The speaker ended by suggesting some topics for discussion.

(그 발표자는 논의할 주제를 몇 가지 제시하는 것으로 끝을 맺었다.)

After considerable discussion, they decided to accept our offer.

(그들은 상당한 상의 끝에 우리 제의를 받아들이기로 결정했다.)

We had a discussion with them about the differences between Britain and the US.

(우리는 영국과 미국의 차이에 대해 그들과 논의를 한 번 했다.)

There is a need to sharpen the focus of the discussion.

After further discussion, the government has decided to reject the American offer.

②의 예

See the “Layout properties” discussion for more details.
(자세한 내용은 “레이아웃 속성” 항목을 참조하십시오.)
This is on the growing discussion of women’s sexuality.
(이것은 점점 늘어나는 여성의 성생활에 대한 담론에 관한 것이다.)
There was discussion about the fire and its likely cause.
(그 화재와 그것의 원인 임직한 것에 대해 논의가 있었다.)
We can safely draw some conclusions from our discussion.
(우리의 논의로부터 몇 가지 결론을 도출해도 무방할 것 같습니다.)
Her article is a discussion of the methods used in research.
(그녀의 글은 연구에서 쓰이는 방법들을 논한 것이다.)
See [16] for a further discussion of diagnostic plots.
There was much discussion about the reasons for the failure.

▶ discussion의 동사는 discuss이다. discuss는 ① “상의[의논/논의]하다”와 ② “(무엇에 대해 말이나 글로) 논하다”라는 뜻으로 쓰인다. 다음에는 ‘~에 대해 [관해]’라고 주로 해석되기 때문에 전치사 about가 필요할 것 같지만 about를 쓰지 않는다.

①의 예

We need to discuss when we should go.
(우리가 언제 가야할지 상의할 필요가 없다.)
We briefly discussed buying a second car.
(우리는 차를 한 대 더 사는 것에 대해 잠깐 의논했었다.)
Have you discussed the problem with anyone?
(그 문제를 누구와 상의해 봤어요?)
I’m not prepared to discuss this on the phone.

②의 예

I really don't want to discuss this any further.

(나는 정말 이것을 더 이상 논하고 싶지 않아.)

This is discussed in more detail in a later chapter.

(이것에 대해서는 뒤에 나오는 장에서 더 자세히 논의한다.)

This topic will be discussed at greater length in the next chapter.

(이 주제는 다음 장에서 더 길게 논할 것이다.)

They had important matters to discuss.

〈argument의 경우〉

①의 예

to win/lose an argument(논쟁에서 이기다/지다)

She got into an argument with the teacher.

(그녀가 그 교사와 논쟁을 벌이게 되었다.)

We had an argument with the waiter about the bill.

(우리는 계산서 때문에 웨이트와 말다툼을 했다.)

After some heated argument a decision was finally taken.

(약간의 열띤 논쟁 끝에 마침내 결정이 내려졌다.)

He became estranged from his family after the argument.

(그는 그 언쟁이 있은 후로 가족과 소원해졌었다.)

His wife locked him out of their bedroom after the argument.

(그렇게 다툰 이후로 아내는 그가 침실에 들어오지 못하게 했다.)

I hate arguments. They upset me.

The couple next door are always having arguments.

②의 예

Her main argument was a moral one.

(그녀의 주된 논거는 도덕적인 것이었다.)

Some people disagree with this argument.

(일부 사람들은 이 주장에 동의하지 않는다.)

We had doubts about the validity of their argument.

(우리는 그들의 주장이 갖는 타당성에 대해 의심이 들었다.)

There are strong argument for and against euthanasia.

(안락사에 대해서는 강한 찬반 주장들이 있다.)

His argument was that public spending must be reduced.

(그의 주장은 공공 비용 지출을 줄여야 한다는 것이었다.)

The argument against higher taxation is very simple.

The writer's main argument is that a better train service will take cars off the road and lead to a healthier environment.

③의 예

We had an argument about politics.

(우리는 정치에 대해 논의했다.)

There were also arguments about moving.

(이사하는 것에 관해 또한 논의가 있었다.)

I understand there was an argument about a dog.

(난 개에 대헤 논의가 있었다고 이해하고 있다.)

Let's assume for the sake of argument that we can't start till March.

(논의의 편의를 위해, 우리가 삼월까지 일을 시작하지 못한다고 가정을 해봅시다.)

assume for the sake of argument that we manage to build a satisfactory database.

(논의를 하기 위해서, 우리가 간신히 만족스러운 데이터베이스를 구축한다고 생각해 봅시다.)

There is no argument about that.

As for the argument about a timeline, what are we doing there?

▶ argument의 동사는 argue이다. argue는 ① "언쟁을 하다, 다투다", ② "(논거를 들어) 주장하다, 논증하다"와 ③ "분명히 보여주다, 입증하다"라는 뜻으로 쓰인다.

①의 예

Don't agree, but don't argue either.

(동의하지도 말고, 싸우지도 마.)

I don't want to argue with you—just do it!

(난 너와 언쟁하고 싶지 않아. 그냥 그렇게 해!)

She knew better than to argue with Adeline.

(그녀는 아델린과 다퉈서는 안 된다는 것 정도는 알고 있었다.)

My brothers are always arguing.

②의 예

They argued for the right to strike.

(그들은 파업할 권리를 지지하는 주장을 했다.)

He was too tired to argue the point.

(그는 너무 피곤해서 그 점을 논증할 수가 없었다.)

It could be argued that laws are made by and for men.

(법은 남자들에 의해 남자들을 위해 만들어진 것이라고 주장할 수 있을 것이다.)

She argued the case for bringing back the death penalty.

③의 예

He was too tired to argue the point

(그는 너무 피곤해서 그 점을 논증할 수가 없었다.)

I've argued deductively from the text.

(나는 본문에서 연역적으로 입증했다.)

These latest developments argue a change in government policy.

(최근의 이런 전개 양상들은 정부의 정책 변화를 입증한다.)

I'd like to argue in a framework that is less exaggerated.

▶ argue의 구동사(phrasal verb)로는 argue sb into/out of doing sth과 argue with sth이 있다.

❆ argue sb into/out of doing sth: argue sb into/out of doing sth은 "~에게 …하도록/하지 않도록 (이유를 들어) 설득하다"라는 뜻이다.

You can't argue me into believing what you say.

(아무리 해도 네 말을 내가 믿도록 할 수는 없다.)

They argued him into withdrawing his complaint.

(그들은 그에게 항의를 철회하도록 설득했다.)

She argued him into doing the rest of the works.

(그녀는 그를 설득하여 남은 일을 시켰다.)

I managed to argue him into going back home to talk to his parents.

❇ argue with sth: argue with sth은 주로 부정문에 쓰이는데 "반박하다"라는 뜻이다.

Nobody felt inclined to argue with Smith.

(아무도 스미스에게 반박할 마음이 내키지 않았다.)

I don't want to argue with you—just do it!

(난 너와 언쟁하고 싶지 않아. 그냥 그렇게 해!)

He's a really successful man—you can't argue with him.

(그는 정말 성공한 사람이다. 그것은 반박할 수 없다.)

We produced the best soccer of the tournament. Nobody would argue with that.

◈ reason은 argument와 혼동할 수 있는 부분이 있지만, reason은 '누군가의 행위나 감정을 설명하는 어떤 것이나 특별한 상황이 존재하는 이유'의 경우에 쓰인다.

reason은 ① "이유, 까닭, 사유", ② "근거", ③ "이성, 사고력, 제정신"과 ④ "사리 (事理)"라는 뜻으로 쓰인다.

①의 예

She resigned for personal reasons.

(그녀는 개인적인 이유로 사직했다.)

He gave no reasons for his decision.

(그는 자신의 결정에 대해 아무런 이유도 제시하지 않았다.)

I'd like to know the reason why you're so late.

(네가 왜 그렇게 늦었는지 이유를 알고 싶어.)

Give me one good reason why I should help you.

(왜 내가 너를 도와야 하는지 타당한 이유를 한 가지만 대 봐.)

For some reason we all have to come in early morning.

(무슨 까닭인지는 모르겠지만, 우리는 모두 내일 일직 와야 한다.)

We aren't going for the simple reason that we can't afford it.

(우리가 단지 형편이 안 되다는 이유 때문에 안 가는 것은 아니다.)

He wants to keep them all in his office for reasons best known to himself.

(그는 자기만 아는[남들은 이해하기 힘든] 이유 때문에 그것들 모두를 자기 사무실 내에 두고 싶어 한다.)

He's got to go back to Mexico, for family reasons.

For reasons of security the door is always kept locked,

My main reason for doing the course is to improve my qualifications.

②의 예

We have every reason to feel optimistic.

(우리가 낙관적으로 느낄 근거가 충분히 있다.)

They have reason to believe that he is lying.

(그들은 그가 거짓말을 한다고 믿을 근거가 있다.)

She complained, with reason, that she had been underpaid.

(그녀는 저임금을 받아왔다고 불평했는데 그럴 만도 했다.)

This result gives us all the more reason for optimism.

③의 예

to lose one's reason(제정신을 잃다[미치다])

A leap of faith paralyzes your reason.

(맹신은 당신의 이성을 마비시킨다.)

Only human beings are capable of reason.

(오직 인간만이 이성적인 생각을 할 수 있다.)

I lost my reason when he said such a mean thing.

(나는 그가 그런 비열한 말을 할 때 이성을 잃었다.)

He lost all sense of reason.

④의 예

to be open to reason(기꺼이 사리에[타당한 충고를] 따르다)

Why can't they see reason?

(왜 그들은 사리를 분별하지 못하는 걸까?)

I can't get her to listen to reason.

(나는 그녀를 사리에 따르게 할 수 없다.)

He's looking for a job and he'll willing to do anything within reason.

(그는 일자리를 찾고 있는데 사리에 벗어나지 않는 일이면 무엇이든 기꺼이 하려고 한다.)

I wish you hear reason to live like a human being.

▶ reason은 동사로 ① "(논리적인 근거에 따라) 판단하다, 추리[추론]하다"와 ②"사고하다"라는 뜻으로 쓰인다.

①의 예

Man is the only animal that can reason out his problems.

(인간은 자신의 문제를 추론할 수 있는 유일한 동물이다.)

She reasoned that she must have left her bag on the train.

(그녀는 자기가 기차에 가방을 놓고 내린 것이 분명하다고 추리했다.)

They couldn't fire him, he reasoned. He was the only one who knew how they system worked.
(그는 그들이 자신을 해고하지 못할 것이라고 판단했다. 그는 그 시스템이 어떻게 돌아가는지를 아는 유일한 사람이었으니까.)
I reason about things and do what I think is best for the team.

②의 예
the human ability to reason(인간의 사고 능력)
When his wife died, he lost his ability to reason entirely.
(부인이 죽자 그는 완전히 이성을 잃었다.)
Reasoning about history is, inseparably, reasoning about power.
(역사에 관해 사고하는 것은 권력에 관해 사고하는 것과 불가분한 관계가 있다.)
The basic premise of human intelligence is the ability to reason and make decisions.
(인간 지능의 기본 전제는 합리적으로 사고하고 결정하는 능력이다.)
The most powerful quality that a human being has that any other animal on earth has is the ability to reason.

▶ reason의 숙어로 it stands to reason이 있다.

❊ it stands to reason: it stands to reason은 "(제대로 생각이 있는) 누봐도 분명하다, ~은 사리에 맞다, 당연하다"라는 뜻이다.
It stands to reason that she refused your offer.
(그녀가 네 제안을 거절한 것은 당연하다.)
It stands to reason that it should be completely obvious.
(그것은 명확해야만 하는 것이 당연하다.)

It stands to reason that they'll leave if you don't pay them enough.

(당신이 그들에게 충분한 급여를 주지 않으면 그들이 떠날 것은 누가 봐도 분명하다.)

It stands to reason that restoring communications would be their top priority.

▶ reason은 구동사(phrasal verb)로 reason sth out이 있다.

❆ reason sth out : reason sth out는 "(논리적으로) ~을[를] 추론[도출]해 내다"(=figure out)라는 뜻이다.

He reasoned out a conclusion.

(그는 결론을 도출했다.)

Now let's reason this out together.

(이제 우리 이것에 대해 논리적으로 도출해 냅시다.)

Man is the only animal that can reason out his problems

(인간은 자신의 문제를 논리적으로 도출해 낼 수 있는 유일한 동물이다.)

He is reasoning out what he should do about his father's tragic death.

2 force와 power의 차이

force는 ① "물리력, 폭력", ② "(물리적으로 나타나는) 힘", ③ "(강력한) 영향력[설득력], …력", ④ "<많은 세력이나 영향력을 지닌 사람 · 사물>", ⑤ "(법률의) 효력", ⑥ "(특정 목적을 위해 조직된) 집단[단체]", ⑦ "(보통 무기를 이용하여 남을 보호하도록 훈련된) 무장 병력[부대]", ⑧ "작용력", ⑨ "군사력", ⑩ "경찰(력)"과 ⑪ "풍력"이란 뜻으로 다양하게 쓰인다.

power는 ① "(사람 · 사물을 통제할 수 있는) 힘[세력]", ② "권력, 정권", ③ "(사람이 가진) 능력, 기회", ④ "(특정한 신체적 · 정신적) 능력[-력]", ⑤ "(모든 신체적 · 정신적) 능력", ⑥ "권한", ⑦ "강대국", ⑧ "(특정 활동 영역에서 갖는 힘 · 영향력을 가리키는) -력", ⑨ "(특정 집단이 사회 내에서 갖는) 힘[영향력]", ⑩ "(사물이 가진 물리적인) 힘", ⑪ "동력, 에너지"와 ⑫ "(공급되는) 전기"라는 뜻으로 다양하게 쓰인다.

force는 '권력이나 힘의 사용'을 말하고, power는 '사람이나 사건들을 다루는 능력'을 말한다.

〈force의 경우〉

①의 예

The rioters were taken away by force.
(폭도들은 물리력에 의해 끌려갔다.)
The ultimatum contained the threat of military force.
(그 최후통첩에는 군사력을 동원하겠다는 협박이 들어 있었다.)
We will achieve much more by persuasion than by brutal force.
(우리는 야만적인 폭력 보다 설득으로 훨씬 더 많은 것을 달성하게 될 것이다.)
The release of the hostages could not be achieved without the use of power.
(인질 석방은 물리력을 사용하지 않고는 달성할 수 없을 것이다.)

The demonstrators were made to leave the building by force.

②의 예

the force of the blow/explosion/collision(그 타격/폭발/충돌의 힘)

The shopping centre took the full force of the blast.

(쇼핑센터가 그 폭발로 직격탄을 맞았다.)

The force of the blast hurled us bodily to the ground.

(그 폭발의 위력에 우리는 모두 그대로 땅바닥에 나가떨어졌다.)

The force of the impact ripped apart the plane's fuselage.

(그 충격의 힘으로 비행기 동체가 산산조각 나 버렸다.)

All the windows broke with the force of the blast.

③의 예

She spoke with force and deliberation.

(그녀는 설득력 있고 신중하게 말을 했다.)

They realized the force of her argument.

(그들은 그녀의 주장이 갖는 영향력을 깨달았다.)

He controlled himself by sheer force of will.

(그는 순전히 의지력으로 자제를 했다.)

They were swept along by the force of their emotions.

④의 예

economic/market forces(경제적으로/시장에서 영향력 있는 세력들),

the forces of good/evil(선/악의 힘)

She's a force to be reckoned with.

(그녀는 신중히 고려해야 할 실력자이다.)

In Hindi philosophy the life force is known as prana.
(인도 철학에서 생명력의 진수는 프라나로 알려져 있다.)
The expansion of higher education should be a powerful force for change.
(고등 교육 확대는 변화의 강력한 동력원이 될 것이다.)
Ron is the driving force behind the project.

⑤의 예

The new regulations are now in force.
(그 새 규정들은 지금 시행 중이다.)
These guidelines do not have the force of law.
(이 지침들은 법적 효력은 없다.)
The court ruled that these standards have force in British law.
(이들 기준이 영국법에서 효력을 갖는다고 법원이 판결했다.)
When do the new regulations come into force?

⑥의 예

a member of the sales force(판매 조직의 일원)
A large proportion of the labour force is unskilled.
(노동자들[노동력] 가운데 많은 비율이 비숙련 노동자들이다.)
This department services the international sales force.
(이 부서에서는 국제적인 영업력을 제공한다.)
Female workers constitute the majority of the labour force.
(여성 노동자가 노동 인력의 다수를 이루고 있다.)
The Weldon Group has a 6000 strong sales force.

⑦의 예

a member of security forces(보안대의 일원), a peace-keeping force(평화 유지군), rebel/government forces(반란군/정부군)

Air force jets bombed the airport.

(공군 제트기가 공항을 폭파시켰다.)

The U.S. troops would be part of a multinational force.

(미군이 다국적군에 포함될 것이다.)

The force would be composed of troops from NATO countries.

(그 부대는 나토 국가들에서 보내 온 병력들로 구성될 것이었다.)

A multinational force is being sent to the trouble spot.

⑧의 예

The moon exerts a force on the earth.

(달은 지구에 작용력을 미친다.)

The moon exerts a force on the earth that causes the tides.

(달은 지구에 조수 간만 현상을 가져오는 인력을 가한다.)

Electric charges exert forces on each other via electric fields.

(전하는 전자장을 통해서 서로에게 힘을 행사한다.)

The sun exerts a force on the earth.

⑨의 예

strategic nuclear forces(전략적 핵 군사력)

NATO will continue to thin out its forces.

(북대서양 조약 기구는 병력을 계속 줄일 것이다.)

France and UK have their own nuclear forces.

(프랑스와 영국은 그들 자신의 핵 무기력이 있다.)

The ultimatum contained the threat of military force.

(그 최후통첩에는 군사력을 동원하겠다는 협박이 들어 있었다.)

Our strategic nuclear forces are as important as our conventional forces.

⑩의 예

He joined the force twenty years ago.

(그는 이십 년 전에 경찰에 들어갔다.)

Women officers make up 13 percent of the police force.

(여성 경찰관이 경찰력의 십삼 퍼센트를 차지한다.)

She was discharged from the police force for bad conduct.

(그녀는 업무상 비행으로 경찰에서 면직되었다.)

She left the force five years ago.

⑪의 예

a force of 9 gale(풍력 구의 돌풍)

The airlift was conducted in force ten winds.

(공수는 대기의 풍력이 10인 가운데 행해졌다.)

The wind was still rising, approaching a force nine gale.

(바람이 계속 세지면서 강도 9의 강풍에 가까워졌다.)

Now that is definitely gale force and can do some damage.

(이제 그것은 분명히 강풍급이고 피해를 입힐 수 있다.)

I didn't dare tell him that the forecast was Gale Force 9!!!

◈ force는 동사로 ① "(~을[를] 하도록) ~을[를] 강요하다[(어쩔 수 없이) …하게 만들다)"(=compel), ② "(물리력을 이용하여) 억지[강제]로 …하다", ③ "(특히 남이 준비되기 전에) 강요하다[…하게 만들다]", ④ "(미소 등을) 억지로 짓다[하다]"와 ⑤ "속성 재배하다"의 뜻으로 다양하게 쓰인다.

①의 예

He didn't force me—I wanted to go.

(그가 나를 강요한 게 아냐. 내가 가기를 원했어.)

She forced herself to be polite to them.

(그녀는 억지로 그들에게 정중하게 대했다.)

The President was forced into resigning.

(대통령은 강요에 못 이겨 사임했다.)

Ill health forced him into early retirement.

②의 예

to force a lock/window/door(자물쇠/창문/문을 억지로 열고[부수고] 들어가다), to force an entry(강제로 밀고 들어가다)

The door had been forced open.

(그 문은 누군가가 억지로 뜯어 열어 놓은 상태였다.)

He tried to force a copy of his book into my hand.

(그는 강제로 내 손에 자기 책 한 권을 떠안기려 했다.)

She forced her way through the crowd of reporters.

(그녀는 기자들 무리를 힘으로 밀치고 지나갔다.)

He tried to force the window open but it was jammed shut.

③의 예

So demand and supply always forces prices up.

(그래서 수요와 공급은 항상 물가를 상승시킨다.)

He was in a position where he had to force a decision.

(그는 서둘러 결정을 해야만 하는 입장에 있었다.)

Building a new road here will force house prices down.

(여기에 도로를 신설하면 집값을 하락시키게 될 것이다.)

Sellers outnumbered buyers, forcing prices down to new lows.

④의 예

She managed to force a smile.

(그녀는 간신히 억지 미소를 한 번 지었다.)

Kathryn blinked and forced a smile.

(캐서린이 눈을 깜빡이며 억지로 미소를 지었다.)

They exchanged hellos and forced smiles.

(그들은 인사를 나누고 억지로 미소를 지었다.)

She gulped back her tears and forced a smile.

⑤의 예

forced rhubarb(속성 재배한 대황)

It is unwise to force a child's talent.

(아이의 재능을 무리하게 키우려 드는 것은 현명한 일이 아니다.)

* 이것은 비유적인 글이다.

The thrill of forced rhubarb was January's news.

(속성 재배한 대황으로 불러일으킨 설레임을 일월의 뉴스거리였다.)

You always seem to think you can force the flowers to come out.
(자네는 속성으로 그 꽃들을 피게 할 수 있다고 늘 생각하는 것 같다.)
Forced rhubarb is very tender and surprisingly sweet so it doesn't need tons of sugar.

〈power 의 경우〉

①의 예

to have sb in one's power(…을[를] 자기 세력권 내에 두고 있다[자기 마음대로 할 수 있다])
He has the power to make things very unpleasant for us.
(그는 사정을 우리에게 아주 불쾌하게 만들 수 있는 힘이 있다.)
The aim is to give people more power over their own lives.
(목표는 사람들에게 자기 자신의 삶에 대해 더 많은 힘을 가질 수 있도록 하는 것이다.)
He remains chairman, but wields little power at the company.
(그는 회장으로 남아 있지만 회사에 거의 영향력이 없다.)
He scares teams to death with his pace and power.

②의 예

to take/seize/lose power(권력[정권]을 잡다/쥐다/잃다])
They are hoping to return to power.
(그들은 다시 정권을 잡게 되기를 희망하고 있다.)
The party came to power at the last election.
(그 정당은 지난 선거에서 정권을 잡았다.)
The present regime has been in power for two years.
(현 정권은 이 년째 권력을 잡고 있다.)

He was elected to power on the strength of his charisma.

③의 예

It is not within my power to help you.

(당신을 돕는 것은 내 능력 밖이다.)

I'll do everything in my power for you.

(난 널 위해서 진력할 게.)

I will do everything in my power to help you.

(당신을 돕기 위해 내 기회[힘] 닿는 대로 모든 노력을 다할 것이다.)

In the film, she acted with intensity and power.

④의 예

He had lost the power of speech.

(그는 언어 사용 능력을 상실한 상태였다.)

He had to use all his powers of persuasion.

(그는 자신의 모든 설득력을 동원해야 했다.)

The drug may affect your powers of concentration.

(그 약물은 집중력에 영향을 줄 수 있다.)

He believed in the power of human mind.

⑤의 예

They imputed magical powers to the old woman.

(그들은 그 노파에게 마법의 힘이 있다고 믿었다.)

Improving your brain power is the key to happiness!

(두뇌의 힘을 향상시키는 것은 행복의 열쇠입니다!)

At 26, he is at the height of his powers and ranked fourth in the world.
(스물여섯 살인 그는 능력이 최고조에 달해 있고 순위가 세계 사위에 올랐다.)
The woman helped police by using her psychic powers.

⑥의 예

The powers of the police must be clearly defined.
(경찰의 권한은 명확하게 규정되어야 한다.)
The president has the power of veto over all new legislation.
(대통령은 모든 새로운 법안에 대해 거부권을 행사할 권한이 있다.)
The Secretary of State has the power to approve the proposals.
(국무 장관은 그 제안들을 승인할 권한이 있다.)
He wants the power to fire incompetent employees.

⑦의 예

an allied/enemy power(힘센 동맹 국가/적대국), world powers(세계의 강대국들)
China has once again emerged as a world power.
(중국이 다시 한 번 세계적인 강대국으로 부상했다.)
In 1920 the great powers promised them an independent state.
(천구백이십 년에 강대국들은 그들에게 독립 국가를 약속했다.)
For instance, a hugely important allied power, Stalin's Soviet Union, was the least democratic place ever.
(예를 들면, 엄청나게 중요한 연합국이었던 스탈린의 소비에트 연방은 지금까지 가장 민주주의적이지 못한 곳이었다.)
I want to ask about targeting by possible enemy powers or terrorists.

⑧의 예

air/sea power(공군력/해군력), economic power(경제력), purchasing power(소비력)

I am no match for him in money power.

(금력으로서는 나는 그에 대항할 수 없다.)

Firstly, population is the economic power.

(첫째로, 인구는 경제력이다.)

They are still building up their military power.

(그들은 여전히 그들의 무력을 증강시키고 있어요.)

We will use air power to protect UN peacekeepers if necessary.

⑨의 예

parent power(부모의 힘), the power of the media(언론의 힘[영향력])

Political power depends upon economic strength.

(정치적인 힘은 경제력에 달려 있다.)

You can't underestimate the power of the media.

(여러분은 언론의 힘을 과소평가할 수 없습니다.)

It is a dilution of parent power, and it is quite deliberate.

(이것은 부모의 힘을 약화시키는 것이며 상당히 의도적이다.)

I believe that peer pressure and parent power can prevail.

⑩의 예

It was a performance of great power.

(그것은 대단히 힘 있는 공연이었다.)

The hydrogen bomb has huge destructive power.

(수소폭탄은 엄청난 파괴력을 지니고 있다.)

The ship was helpless against the power of the storm.
(그 배는 폭풍의 힘 앞에 속수무책이었다.)
We are afraid of the awful power of a hurricane.

⑪의 예

engine power(엔진 동력), nuclear/wind/solar power(핵에너지/풍력/태양 에너지)
The machine is worked by wind power.
(그 기계는 풍력으로 작동된다[돌아간다].)
Nuclear power plant workers are holding a strike.
(원자력 발전소 직원들이 파업을 하고 있다.)
Solar power is power that is produced from the sun.
(태양 에너지는 태양으로부터 나오는 에너지이다.)
Can wind power be the next alternative?

⑫의 예

They've switched off the power.
(그들이 전기 스위치를 내렸다.)
Push the power button on the TV.
(텔레비전의 전원 버튼을 누르세요.)
The power is out in much of our neighborhood now.
(지금 우리 동네 곳곳에 전기가 나갔어요.)
The local power station generates electricity.

◈ power는 명사 이외에 동사로 ① "동력을 공급하다, 작동시키다"와 ② "(특정한 방향으로) 맹렬히 나아가다[나아가게 하다]"라는 뜻으로 쓰인다.

①의 예

The aircraft is powered by a jet engine.

(그 비행기는 제트 엔진으로 작동한다.)

Simply power up your laptop and continue work.

(그냥 노트북의 전원을 켜서 일을 계속 해.)

Power down the system and power up the system again.

(시스템의 전원을 끄고 다시 켜십시오.)

The planes are powered bu Rolls Royce engines.

②의 예

He powered through the water.

(그는 맹렬히 물을 가르고 나아갔다.)

She powered her way into the lead.

(그녀는 맹렬히 나아가서 선두가 되었다.)

He powered his header past the goalie.

(그는 골키퍼를 제치고 맹렬히 헤딩슛을 했다.)

He really needs to power his team up for next Saturday's match.

◈ 사람의 power라고 할 때는 사회적, 경제적이나 정치적 영향을 언급한다. 그런데 어떤 사람의 신체적 조건에 관해 말을 할 때는 power를 쓰지 않고 energy 나 strength 를 쓴다.

▶ power 의 경우

They wish to limit the power of the State.

(그들은 정부[국가]의 권력을 제한하기를 바란다.)

Political power depends upon economic strength.

(정치적인 힘은 경제력에 달려 있다.)

He spent his whole life in pursuit of rank and power.

(그는 지위와 권력을 추구하는 데 일생을 보냈다.)

He was elected to power on the strength of his charisma.

(그는 자신의 카리스마에 힘입어 권좌에 선출되었다.)

At times the arrogance of those in power is quite blatant.

(권력을 잡은 자들의 거만함은 때론 너무 노골적이다.)

The royal family has very little power these days.

The major investors have the power to make or break a company.

▶ energy 의 경우

* 이 때 energy는 "정력, 활기, 기운[에너지]"이란 뜻으로 쓰인다.

She's always full of energy .

(그녀는 항상 활기가 넘친다.)

It's a waste of time and energy.

(그것은 시간과 정력 낭비이다.)

He put all his energies into his work.

(그는 자기 일에 모든 기운을 다 쏟았다.)

Why are you always so full of energy?

(어쩌면 항상 그렇게 활력이 넘치십니까?)

As he ages, he really envies the energy of youth.

(나이가 들수록 그는 젊은이들의 활기가 정말 부러워진다.)

I don't have the time or energy to go out in the evenings.

He was saving his energy for next week's race in Tuscon.

▶ strength 의 경우

* 이 때 strength는 "힘, 기운"이란 뜻으로 쓰인다.

He discovered unexpected reserves of strength .

(그는 예상 밖의 힘이 비축되어 있는 것을 발견했다.)

She didn't have the strength to walk any further.

(그녀는 더 이상 걸을 기운이 없었다.)

He pushed against the rock with all his strength.

(그는 온 힘을 다해 그 바위에 몸을 대고 있었다.)

He had a physical strength that matched his outward appearance.

(그는 겉으로 보이는 외모에 어울리는 체력을 지니고 있었다.)

It may take a few weeks for you to build up your strength again.

(당신이 다시 기운을 차리는 데 몇 주가 걸릴 수도 있다.)

The constant tension was sap my strength.

Her doctor has told her to take things easy until she gets her strength back.

3 grade와 rank의 차이

grade는 ① "(상품의) 품질", ② "(조직 내에서의) 등급[지위]", ③ "성적, 학점", ④ "(미국의 학제에서의) 학년", ⑤ "(질병의 심각한) 정도", ⑥ "(특히 도로 · 철도의) 경사도"와 ⑦ (英) "(음악적 기교에 대한 시험에서) 등급"이란 뜻으로 쓰인다.

rank는 ① "(특히 높은) 지위", ② "(군대 · 경찰 등의) 계급", ③ 주로 the ranks로 쓰여 "(일반) 사병", ④ "(고급) 등급", ⑤ 주로 the ranks로 쓰여 "(특정 단체 · 조직의) 구성원[회원](들)", ⑥ "(군인 · 경찰관 등의) 횡렬"과 ⑦ "(사람들 · 사물들의) 줄[열]"이란 뜻으로 쓰인다.

grade와 rank를 비교하는 경우에 '등급, 지위, 계급'과 관련되어 혼동의 가능성이 있다. 그런데 rank는 '육군, 해군, 경찰들이나 선원들 등의 직급에 대해 보통 언급'하는 경우에 쓰인다.

〈grade의 경우〉

①의 예

the highest grade iron ore deposits in the world.(세계 최고 품질의 철광석 매장지)

Use only clean, Grade A, perfect eggs.

(깨끗한 에이 등급의 흠이 전혀 없는 계란만 사용하세요.)

All the materials used were of the highest grade.

(사용된 재료는 모두 최상품이었다.)

We use only the very highest grade of Korean beef.

(우리는 최상급 한우만을 사용합니다.)

Which grade of petrol does this car take?

②의 예

salary grades(봉급의 등급)

Paul was jumped one grade in rank.

(폴은 한 계급을 뛰어넘어 승진했다.)

She's still only on a secretarial grade.

(그녀는 아직도 지위가 비서밖에 안 된다.)

A major in the army is one grade higher than a captain.

(육군 소령은 대위보다 한 계급 높다.)

I was also stuck at a bar and a salary grade which I was unable to progress beyond.

③의 예

She got good grades in her exams.(英)

(그녀는 시험 과목들에서 좋은 성적을 받았다.)

She got good grades on her exams.(美)

(그녀는 시험 과목들에서 좋은 성적을 받았다.)

70% of pupils got Grade C or above.

(학생들의 칠십 퍼센트가 사 학점 이상을 받았다.)

Midterm grades have been released. I didn't do as bad as I thought. Whew!

④의 예

Sam is in (the) second grade.

(샘은 이 학년이다.)

Mr. Franklin was my 5th grade teacher.

(프랭클린은 나의 오 학년 담임선생님이다.)

She teaches kindergarten or first grade.

(그녀는 유치원생이나 일 학년들을 가르친다.)

It's like a girl in 5th grade or something.

(오 학년이나 다른 학년에 있는 그녀 같아.)

I got my 7th grade math teacher fired.

⑤의 예

low/high grade fever(미열/고열)

I was suffering a low grade fever.

(나는 미열 때문에 고생하고 있었다.)

My Uncle Jim had a high grade fever.

(짐 삼촌이 고열이 있었다.)

She was only half conscious because of high grade fever.

(그녀는 고열로 정신이 혼미해졌다.)

He's suffering from some kind of low-grade infection, which he can't seem to get rid of.

⑥의 예

a steep grade(gradient)(급경사도), a hill with a gradient of 1 in 4 (or 25%)(경사도가 사분의 일[이십오 퍼센트]인 언덕)

The grade is displayed in a tooltip.

(기울기가 툴팁에 표시됩니다.)

Tim's car crashed with another over grade.

(팀의 차가 다른 차와 경사진 도로에서 충돌했다.)

Moves the endpoint of a link while preserving the grade.

(기울기를 유지하면서 링크의 끝점을 이동합니다.)

You'll need to shift to a low gear on your bike on the next hill —it has a real steep grade.

⑦의 예

She's not in the first grade as a painter.
(그녀는 화가로서 일등급에 속하지 못한다.)
The cost of top-grade materials has really skyrocketed.
(일등급 재료 가격이 엄청나게 올랐습니다.)
For this course a pass in English at grade B is acceptable.
(이 과정은 영어를 비 등급으로 통과하면 들어갈 수 있다.)
There's some really high-grade musicianship on this recording.

◈ grade의 숙어로 make the grade가 있다.

▶ make the grade : make the grade는 "필요한 수준에 이르다, 성공하다"라는 뜻이다.

About 10% of trainees fail to make the grade.
(훈련생들의 십 퍼센트 정도가 요구되는 수준에 이르지 못한다.)
This bright young talent looks sure to make the grade.
(이 영리하고 젊은 탤런트는 기대 수준에 확실히 이룰 것 같이 보여.)
She had a strong desire to be a dancer but failed to make the grade.
(그녀는 무용가가 되려는 강렬한 욕망이 있었으나 그 수준에 미치지 못했다.)
This meal doesn't just make the grade. It is excellent.

◈ grade는 명사 이 외에 동사로 ① "(등급을) 나누다[분류하다]"와 ② 특히 미국영어에서 "성적[학점]을 매기다[주다]"라는 뜻으로 쓰인다.

①의 예

* 이 경우 흔히 수동태로 쓰인다.

Ten beaches were graded as acceptable.

(열 곳의 해변이 기준에 부합한 것으로 분류되었다.)

The containers are graded according to size.

(그 용기는 크기별로 나눠져 있다.)

Responses were graded from 1 (very satisfied) to 5 (not at all satisfied).

(반응은 일(매우 만족스러움)에서 오(전혀 만족스럽지 않음)까지로 분류되었다.)

Eggs are graded from small to extra large.

②의 예

The best students are graded A.

(가장 잘한 학생은 에이 학점을 받는다.)

I spent all weekend grading papers.

(나는 시험지 채점을 하느라고 주말을 다 보냈다.)

This exam will be graded on a curve.

(이번 시험은 상대평가다.)

South Point College does not grade the students' work.

〈rank의 경우〉

①의 예

Within months she was elevated to ministerial rank.

(몇 달 이내에 그녀는 장관직으로 승진되었다.)

He rose through the ranks to become managing director.

(그는 지위가 올라가서 상무이사가 되었다.)

She was not used to mixing with people of high social rank.

(그녀는 사회적 지위가 높은 사람들과 어울리는 데 익숙하지 않았다.)

The former head of counter-intelligence had been stripped of his rank and privileges.

②의 예

a campaign to attract more women into the military ranks(군대의 계급 세계로 더 많은 여성들을 유도하기 위한 캠페인), officers of junior/senior rank(신참/고참 장교들), officers, other ranks(장교들 및 다른 계급들)

The colonel was stripped of his rank.

(그 대령[연대장]은 계급장을 박탈당했다.)

He eventually rose to the rank of captain.

(그는 결국 대위 계급까지 올라갔다.)

He was soon promoted to the rank of captain.

(그는 곧 대위[대령]로 진급되었다.)

He rose to the rank of general.

③의 예

The soldier was raised from the ranks.

(그 군인은 일반 사병에서 진급했다.)

He served in the ranks for most of the year.
(그는 그 전쟁 기간 대부분 동안 사병으로 복무했다.)
He rose from the ranks to become a warrant officer.
(그는 일개 사병에서 준위가 되었다.)
Top military leaders say there have been reports of demoralization in the ranks.

④의 예

a painter of the first rank(일류 화가)
The highest rank is the Grand Master.
(가장 높은 등급은 그랜드 마스터이다.)
Britain is no longer in the front rank of world powers.
(영국은 이제 더 이상 세계 제일 강대국에 속하지 않는다.)
The findings are arranged in rank order according to performance.
(그 결과는 연기[기량]에 따라 등급순으로 배열된다.)
An artist of the first rank looks on each new picture as a formal problem to be solved.

⑤의 예

We have a number of international players in our ranks.
(우리 회원들 중에는 세계적인 선수들이 여러 명 있다.)
At 50, he was forced to join the ranks of the unemployed.
(오십 살의 나이에 그는 실업자 군에 합류해야 하게 되었다.)
There were serious divisions within the party's own ranks.
(그 정당 자체의 당원들 내에서 분열이 심각했다.)
This keeps it the same throughout the ranks and there is no favouritism.

⑥의 예

Ranks of police in riot gear stood nervously by.

(전투 경찰대가 긴장된 상태로 줄을 지어 대기하고 있었다.)

They watched as ranks of marching infantry passed the window.

(그는 행진하는 보병대가 횡렬을 이뤄 창문을 지나가는 것을 지켜보았다.)

In Cambridge, ranks of bikes line the streets outside the college.

(캠브리지에서 자전거 행렬이 대학 바깥 도로를 따라 늘어서 있다.)

The front rank of the riot squad raised their shields.

⑦의 예

massed ranks of spectators(잔뜩 줄지어 서 있는 구경꾼들)

The trees grew in serried ranks.

(그 나무들은 빽빽이 줄지어 자랐다.)

She continued to smile at the ranks of cameras on their doorstep.

(그녀는 문간에 줄지어 서 있는 카메라들을 향해 계속해서 미소를 지었다.)

The rank assignments for Sales are stored in a new column, Rank.

(판매 열에 대해 지정된 순위가 순위라는 새로운 열에 저장됩니다.)

The serried ranks of fir trees showed serious signs of damage by pollution.

◈ rank는 명사 이 외에 동사로 ① "(등급·등위·순위를) 매기다[평가하다]; (등급·등위·순위를) 차지하다"와 ② "정렬시키다, 늘어서게 하다"란 뜻으로 쓰인다.

①의 예

The restaurant ranks among the finest in town.
(그 식당은 시내에서 가장 훌륭한 식당들 가운데 하나로 평가된다.)
The tasks have been ranked in order of difficulty.
(그 과제들은 난이도순으로 등급이 매겨져 있다.)
Last year, he was ranked second in his age group.
(작년에 그는 자기 연령대 그룹에서 이 위에 랭크되었다.)
This must rank with the greatest movies ever made.
(이 영화는 역대 최고 영화들과 같은 위치를 차지하는 것임이 틀림없다.)
At the height of her career she ranked second in the world.
(경력이 최고조일 때에는 그녀가 세계 이 위를 차지했었다.)
It certainly doesn't rank as his greatest win.
She is currently the highest ranked player in the world.

②의 예

She ranked the bottles in order of size along the shelf.
(그녀는 선반을 따라 크기 순서로 그 병들을 정렬시켰다.)
Consumer preferences were placed in rank order from 1(very popular) to 5(most popular).

◈ rank는 명사와 동사 이 외에 형용사로 ① "악취가 나는, (악취가) 코를 찌르는", ② "(특정한 특질 · 상태 등을 강조하여)순−, 순전한"(=complete or extreme)과 ③ "(식물 등이)지나치게 무성한, 잔뜩 우거진"이란 뜻으로 쓰인다.

①의 예

His body was rank with sweat.

(그의 몸은 땀으로 악취가 났다.)

The house was full of the rank smell of urine.

(그 집에서는 온통 오줌 냄새가 진동을 했다.)

The kitchen was rank with the smell of drying uniforms.

②의 예

an example of rank stupidity(순전한 어리석음을 보여주는 사례)

The winning horse was a rank outsider.

(우승한 말은 전혀 승산이 없던 말이었다.)

It was rank stupidity to drive so fast on the icy road.

(빙판길 도로 위를 그렇게 빨리 운전하는 것은 어처구니없는 어리석은 짓이었다.)

The country is sick of their bare faced lies, manipulation, and rank stupidity.

(그 나라는 뻔뻔한 거짓말, 조작, 어처구니없는 멍청함에 질려있다.)

He called it 'rank hypocrisy' that the government was now promoting equal rights.

③의 예

The abandoned garden was rank with weeds.

(그 버려진 정원은 잡초로 무성했다.)

The rank growth of the creepers choked the less vigorous plants.

4 mankind의 쓰임새

mankind는 "인류, (모든) 인간, 사람들"이란 뜻이다. makind는 정관사 the를 붙이지 않는다. mankind와 같은 뜻을 갖고 있는 the human race(인류)가 있다. 이 경우 human race 앞에 반드시 정관사 the를 붙여야 한다. mankind와 the human race는 집단으로서 여겨지는 사람'에 대해 언급한다.

〈mankind의 경우〉

an invention for the good of all mankind(모든 사람들의 이익을 위한 발명품)

It was the worst war in the history of mankind.

(그것은 인류 역사상 최악의 전쟁이었다.)

This was an important lesson for me and for all mankind.

(이것은 나와 전 인류에 대한 중요한 교훈이었다.)

The loss of this museum will also be a big loss for all mankind.

(이 박물관을 잃는 것은 또한 모든 인류에게 큰 손실이 될 것이다.)

He is a practical humanist, who believes in the dignity of mankind.

(그는 실천적 인본주의자로 인류의 존엄성을 믿는다.)

How to live longer is a topic that has fascinated mankind for centuries.

(어떻게 하면 오래 살 수 있을까라는 것은 수세기 동안 인류를 사로잡은 주제이다.)

Mankind has already made a number of attempts to contact extraterrestrial civilizations.

(인류는 이미 외계 문명과 접촉을 여러 번 시도하였다.)

When he stepped on the Moon, he spoke an unforgettable phrase: "That's one small step for man; one giant leap for mankind."
(그는 달에 발을 내디디며 잊을 수 없는 구절을 말했다. "이것은 인간에게는 작은 한 발자국이다. 하지만 인류에게는 거대한 도약이다.")
Travelling into space was a great advance for mankind.
The great danger to mankind is not science but ignorance.
These are the most devastating weapons mankind has ever devised.

〈the human race의 경우〉

He's a prize specimen of the human race!
(그는 인류의 훌륭한 모범이 되는 표본이군!)
That struggle is as old as the human race.
(그 투쟁은 인류만큼이나 오래된 것이다.)
Nuclear weapons can wipe out the entire human race.
(핵무기는 인류 전체를 몰살할 수도 있다.)
The human race has enough weapons to annihilate itself.
(인류는 스스로를 전멸시키기에 충분한 무기를 갖고 있다.)
It was a small step for a man but a giant leap for the human race.
(그것은 한 인간에게는 작은 발걸음이었지만 인류에게는 큰 도약이었다.)
His heart pulsates in sympathy with the sorrows of the human race.
(그의 심장은 인류고락에 공조하여 고동치다.)
The human race has never really been able to think outside the box!
(인류는 이제까지 정말로 한 번도 고정관념을 벗어나 생각할 수 없었다.)
He's a man who loathes the human race.
For years I have dreamt of the opportunity to rejoin the human race.
This is turning into one sexy struggle for the future of the human race.

◈ the human race에 있는 human은 ① "인간[사람]의", ② "인간적인, 인간이기에 갖게 되는 (약점 등)"과 ③ "인간미가 있는, 인간적인"이란 뜻으로 쓰인다.

①의 예

a terrible loss of human life(끔찍한 인명 손실), human anatomy/activity/behaviour/experience(인체 해부/사람의 활동/행동/경험), the human body/brain(인체/사람의 뇌)

This food is not fit for human consumption.

(이 음식은 사람이 먹기에 적합하지 않다.)

The hostages were used as a human shield.

(그 인질들이 인간 방패로 이용되었다.)

Human remains were found inside the house.

(그 집 안에서 사람의 유해가 발견되었다.)

Dr. Roger Altounyan used himself as a human guinea pig.

(로저 알투냔 박사는 자신을 인간 실험 대상으로 삼았다.)

Firefighters formed a human chain to carry the children to safety.

(그 아이들을 안전한 곳으로 옮기기 위해 소방관들이 인간 사슬을 형성했다.)

Contact with other people is a basic human need.

All dogs are capable of doing harm to human beings.

②의 예

human weakness/failings(인간적인 약점)

We must allow for human error.

(인간적인[사람이기에 하게 되는] 실수는 용납해야 한다.)

Of course I make mistakes. I'm only human.

(물론 나도 실수를 한다. 난 단지 인간적이기에.)

It's only human to want the best for your children.

(자기 자녀에게 최고의 것을 주고 싶은 것은 지극히 인간적인 일이다.)

They have the usual quota of human weaknesses, no doubt.

(그들도 틀림없이 누구에게나 있는 인간적인 약점이 있지.)

You know what they say: To err is human; to forgive, divine.

(격언에도 있잖아요. 실수하는 건 사람이고 용서하는 건 신이라구요.)

The fault was due to human error.

We're not perfect. We're only human.

③의 예

He's really very human when you get to know him.

(그는 알고 보면 정말 대단히 인간적인 사람이다.)

It's only human to want the best for your children.

(자기 자녀에게 최고의 것을 주고 싶은 것은 지극히 인간적인 일이다.)

Jenny's really quite human when you get to know her.

(당신이 제니를 알게 되면 그녀는 정말로 굉장히 인간적이다.)

The public is always attracted to politicians who have the human touch.

(대중들은 언제나 인간미가 있는 정치인에게 끌린다.)

He is certainly an effective lawyer but colleagues say that he lacks the human touch.

▶ human의 숙어로 the human face of...와 with a human face가 있다.

❆ the human face of... : the human face of...는 "(어떤 주제·쟁점 등을) 사람 냄새가 나게[현실적으로 느끼게] 해주는 사람"이란 뜻이다.

He is the human face of party politics.

(그는 정당 정치에 사람 냄새가 나게 해 주는 사람이다.)

So this is the human face of socialism!

(그래서 이것은 사회주의에 사람 냄새가 나게 해주는 것이다.)

I want to see the human face of this tragedy.

(나는 이 비극에서 사람 냄새가 나게 해주는 사람을 보고 싶다.)

It's the human face of Britain's disastrous economic times.

❆ with a human face : with a human face는 "사람을 생각하는[고려한]"이란 뜻이다.

This was science with a human face.

(그것은 사람이 다른 사람을 대하는 방법이 아니다.)

They're like animals but with a human face.

(그들은 사람을 생각하는 것이 아닌 동물과 같은 존재이다.)

Besides, we have socialism with a human face.

(게다가 우리는 사람을 생각하는 사회주의를 갖고 있다.)

He and Brown visited Australia to study Labour leader Bob Hawke's ideal of Thatcherism with a human face.

◈ '사람에 속하거나 사람에 전형적인 것을 의미하는' 경우에는 human nature, human error, human interest와 human weakness 등과 같이 보통 human+명사의 형태를 취한다. 그리고 human은 형용사로 주로 쓰인다.

It's not a thing. It's a human being!

(그것은 물건이 아니야. 그것은 인간이야.)

Only human beings are capable of reason.

(오직 인간만이 이성적인 생각을 할 수 있다.)

The cost in terms of human life was high.

(인명이라는 측면에서 치른 대가가 컸다.)

The houses were unfit for human habitation.

(그 집들은 사람이 거주하기에 적합하지 않았다.)

More human remains have been unearthed in the north.

(더 많은 유해가 북쪽에서 발굴되었다.)

Machines have replaced human labour in many industries.

(많은 제조업 부문에서 기계가 인간 노동을 대신하게 되었다.)

He is due to address a conference on human rights next week.

(그는 다음 주 인권 회의에서 연설을 할 예정이다.)

Greed and envy are common human failings.

Death is often shown in paintings as a human skeleton.

We should accept the fact that human judgement is fallible.

5 mist와 fog의 차이

mist는 ① "엷은 안개, 박무"와 "(에어로졸 같은) 스프레이[분무]"라는 뜻으로 쓰인다. fog는 ① "안개"와 ② "혼미, 혼란"이란 뜻으로 쓰인다.

mis t는 '멀리 떨어져 있는 사물들을 보는데 어렵게 하는 대기 중에 있는 작은 물방울'을 지칭하고, fog 는 '아주 짙은 안개'를 가리킨다.

〈mist 의 경우〉

①의 예

The hills were shrouded in mist .

(산들은 엷은 안개에 덮여 있었다.)

Mist was rolling in from the sea.

(바다로부터 안개가 구르듯이 몰려왔다.)

Early morning mist patches will soon clear.

(곳곳에 낀 이른 아침의 박무는 곧 걷히겠습니다.)

She gazed at the scene through a mist of tears.

(그녀는 눈물로 부연 시야에 들어오는 그 광경을 바라보았다.)

* 이것은 비유적인 글이다.

The origins of story are lost in the mists of time.

(그 이야기의 기원은 시간의 안개 속에 사라져 버렸다.)

The mountain tops were hidden beneath a veil of mist.

(산꼭대기는 안개의 막 아래에 숨어 있었다.)

The street lamps gleamed dully through the night's mist.

(가로등이 밤안개 사이로 희미하게 빛났다.)

Thick mist made flying impossible.

The hills were cloaked in thick mist.

As the day wore on, the early morning mist quickly disappeared.

◈ mist는 명사 이 외에 동사로 ① "(유리 등에 김이 서려) 부옇게 되다[만들다]", ②"(눈에) 이슬[눈물]이 맺히다[맺히게 하다]"와 "(나뭇잎에 분무기로) 물을 뿌리다"라는 뜻으로 쓰인다.

①의 예

The front windshield was misting over.

(차 앞 유리에 김이 서려 있었다.)

The windows were misted up with condensation.

(유리창들에 김이 서려 부옇게 되었다.)

As he came in from the cold, his glasses misted up.

(그가 추운 데서 안으로 들어오자 안경이 부옇게 되었다.)

The windows misted, blurring the stark streetlight.

②의 예

Her eyes misted with tears.

(그녀의 두 눈에 눈물이 맺혔다.)

His eyes misted over and he started to shake.

(그의 두 눈에 눈물이 맺혀서 털기 시작했다.)

Her eyes misted over as she listened to the speech.

(그녀는 그 연설을 들으면서 눈에 이슬이 맺혔다.)

Tears misted his eyes.

<fog의 경우>

①의 예

freezing fog(착빙성 안개)

The fog finally lifted.

(마침내 안개가 걷혔다.)

The view was obscured by fog.

(안개 때문에 시야가 잘 안 보였다.)

Patches of fog will clear by mid-morning.

(곳곳에 낀 안개는 오전 중반에는 걷히겠습니다.)

We get heavy fogs on this coast this winter,

(겨울에는 이쪽 해안에 안개가 많이 낀다.)

The town was covered in a thick blanket of fog.

(그 소도시는 짙은 안개의 장막에 덮여 있었다.)

Three people died in a multiple pile-up in freezing fog.

(안개 낀 영하의 날씨 속에서 일어난 다중 충돌 사고로 세 사람이 죽었다.)

Dense fog is affecting roads in the north and visibility is poor.

(북부 도로들에서는 짙은 안개의 영향으로 시계가 좋지 못합니다.)

Fog and low cloud cover are expected this afternoon

Thick patchy fog and irresponsible driving were to blame.

Traffic on several stretches of the M1 was slowed to a walking pace this morning as the result of thick fog.

②의 예

His mind was in a fog when he finally got up.

(그가 마침내 일어났을 때 그의 정신은 혼미했다.)

He went through the way with his mind in a fog.
(그는 정신이 혼미한 가운데 그 날을 보냈다.)
Synchronizing these attacks may also be difficult in the fog of war.
(동시에 이런 공격을 하는 것은 혼란스런 전쟁 중에는 또한 어려울지도 모른다.)
The most basic facts about him are lost in a fog of mythology and folklore.

◈ fog는 명사 이 외에 동사로 ① "(유리 표면에) 수증기가 서리다[서리게 하다]"와 ②"헷갈리게[혼란스럽게] 만들다"라는 뜻으로 쓰인다.

①의 예
They do not fog up!
(그들은 김이 서리지 않아요!)
His glasses fog up when he cries.
(그가 울 때, 그의 안경들이 김이 서린다.)
Steam has fogged (up) the bathroom mirror.
(수증기로 욕실 거울이 뿌옇게 되었다.)
As soon as I walked in, my glasses got all fogged up.

②의 예
It's not the only modern miasma fogging our judgment.
(그것은 우리의 판단력을 흐리는 유일한 현대적 독기는 아니다.)
I tried to clear the confusion that was fogging my brain.
(나는 내 머리를 헷갈리게 만드는 그 혼란스러움을 지우려고 애를 썼다.)

The government was trying to fog the real issues before the election.
(정부가 선거전에 진짜 쟁점들을 모호하게 만들어 버리려고 하고 있었다.)
Just so you know, we didn't mean to fog you.

6 payment와 fee의 차이

payment는 ① "지불, 지급, 납입", ② "지불금"과 ③ "보답"(=recompense)이란 뜻이다. fee는 ① "(전문적인 서비스에 대한) 수수료"와 ② "(조직 · 기관 등에 내는) 요금[회비/가입비 등]"이란 뜻이다.

payment 는 '무언가에 지불되는 돈의 액수'인 경우에 쓰이고, fee 는 '의사, 변호사, 컨설턴트, 개인지도 교사[교수]나 전문직 사람에게 지불되는 동의 액수'나 '어떤 것을 하기에 허락되는 데 대해 지불해야 하는 요금'인 경우에 쓰인다.

〈payment 의 경우〉

①의 예

payment in instalments/in advance/by cheque/in cash(할부로/선불로/수표로/현금으로 지불[지급])

Payment should be sent by return of post.

(대금 지불은 즉시 해야 합니다.)

There will be a penalty for late payment of bills.

(공과금 지불이 늦은 데[지불 연체에] 대해서는 벌금이 있다.)

Payment is conditional upon delivery of the goods.

(대금 지불은 상품 배달을 조건으로 한다.)

All selected shipments must have the same payment type.

(선택한 모든 발송물의 지불 유형이 동일해야 합니다.)

Most people cannot pay for the entire home in one payment.

(대부분의 사람들은 전체 집값을 한 번에 지불할 수 없다.)

Please let me defer the payment.

What payment arrangements have been made?

②의 예

a cash payment(현금 지불금)

Payment will be remitted to you in full.

(지불금은 당신에게로 전액 송금될 겁니다.)

He agreed to make ten monthly payments of £50.

(그는 오십 파운드씩 십 회 월부금으로 하는 데 동의했다.)

The company deducted this payment from his compensation.

(그 회사는 그의 보상금에서 이 지불금을 공제했다.)

As soon as I receive payment I will express the book to you.

(대금을 받는 즉시 그 책을 속달로 부쳐 드리겠습니다.)

They are finding it difficult to meet the payments on their car.

(그들은 자동차 할부금을 맞춰 내기가 힘든 형편이다.)

Ford demanded full payment at the time of sale.

I had to get rid of the car because I couldn't keep up the payments.

③의 예

Is this all the payment I get for my efforts?

(이게 내가 한 노력에 대해 내가 받을 모든 보답인가?)

The only payment I got for my effort was insults.

(나의 노력에 대한 유일한 보답은 모욕이었다.)

We'd like you to accept this gift in payment for your kindness.

(당신이 베풀어 주신 친절에 대한 보답으로 이 선물을 받아 주시기 바랍니다.)

His payment for that kindness – thanks a million! – was two sheep.

(그 친절에 대한 그의 보답인 두 마리의 양에 대해 너무 고마워요!)

He had refused payment, an act of kindness that had deeply impressed Berthea.

◈ payment의 숙어는 on payment of sth이 있다.

▶ on payment of sth : on payment of sth은 "~이 지불[완납]되면)(~이 지불[완납]되면"이란 뜻이다.

He was released on payment of the ransom.

(그는 몸값을 지부하고 풀려났다.)

You can acquire the volumes on a first payment of 5.

(최초에 오 실링을 지불하면 자네는 전권을 손에 넣을 수 있다.)

Entry is only allowed on payment of the full registration fee.

(가입비는 등록비를 전액 완납해야만 허용된다.)

Has Russia defaulted on payment of its IMF loans?

〈fee 의 경우〉

①의 예

fee-paying schools(학비를 개인이 부담하는 학교), legal fees(법무 관련 수수료)

How much is the handling fee ?

(수수료가 얼마인가요?)

He charged a relatively modest fee.

(그는 비교적 비싸지 않은 수수료를 청구했다.)

The transaction is completed by payment of the fee.

(수수료 지급으로 거래가 완료되었다.)

Does the bank charge a fee for setting up an account?

(은행에서 계좌 개설 수수료를 받나요?)

Customers who overdraw their accounts will be charged a fee.

(계좌에서 초과 인출한 고객은 수수료를 물게 된다.)

The fee for one hour's private tuition is $60.

Find out how much your surveyor's and solicitor's fees will be.

②의 예

membership fee((회원) 회비)

This credit card has no annual fee.

(이 신용카드는 연회비가 없습니다.)

There is no entrance fee to the gallery.

(그 미술관에는 입장료가 없다.)

Visit our site for a moderate annual fee.

(적절한 연회비를 내고 우리 사이트를 방문하세요.)

We charge only a token fee for use of the facilities.

(우리는 그 시설 사용에 대해 명목상의 사용료만 부과 한다.)

He was transferred from Spurs to Arsenal for a huge fee.

(그는 거액의 이적료를 받고 스퍼스에서 아스날로 이적되었다.)

Is there any admission fee to the conference?

You must pay a fee to join the fan club.

◈ 그런데 누군가가 일을 한 각 시간/각 하루[일일]/각 주/각 달에 대해 부담하거나 지불되는 돈은 hourly/daily/weekly/monthly rate(시간(당) 급(료)[시간당 요금]/일급/ 주급/월별 요금)라고 표현한다.

What is the hourly parking rate?

(주차 요금은 시간당 얼마인가요?)

At these cafes, guests pay an hourly rate to play with the pets.
(이런 카페들에서, 손님들은 애완동물과 놀기 위해 시간당 비용을 지불합니다.)
In April, we raised the average hourly rate for production and nonsupervisory workers to $14.69.
(사월에 우리는 생산직 및 비관리직 근로자의 평균 시간급을 십사 달러 육십구 센트로 인상했다.)
He charges an hourly rate of $600 plus expenses.

They charge a daily rate .
(그들은 날짜 단위로 작업비를 부과한다.)
Show your Stafford Rent-a-Car Membership and receive a 10% discount off of the daily rental rate.
(스태포드 렌터카 회원임을 보여주고 일일 대여료의 십 퍼센트를 할인 받으세요.)
Payroll and related expenses soared 35.3%, while the average daily rate peroccupied room rose 25.5% to $59.20.
(급료 총액 및 이와 관련된 경비가 삼십오점삼 퍼센트 증가한 반면, 사용된 객실에 대한 일일 평균 숙박비는 이십오점오 퍼센트에서 오십구점 이공 퍼센트까지 올랐다.)
Members of the two groups were paid a daily rate for their work.

What's the weekly rate ?
(주간 요금이 어떻게 되나요?)
We have mid-size cars at a weekly rate of $50.
(우린 중형차를 일주일에 50달러에 대여해 드리고 있습니다.)

Studio Apartments for $199 a night and special weekly rate of $975.
(원룸형 아파트 하룻밤 요금이 백구십구 달러이고, 주당 특별 요금 구백칠십오 달러입니다.)

Weekly rates range from £350 in low season to £575 in high season.

Hello, what are the monthly rates for a second telephone line?
(여보세요, 전화선을 하나 더 놓는데 한 달 요금이 얼마입니까?)

We don't require any start-up fees, and there is no monthly minimum rate.
(신규 가입비는 없으며, 월 기본료도 없습니다.)

Monthly service rates will be dropped by five percent to reward all customers that have made consistent and prompt payments.
(항상 대금을 신속하게 지불해온 전 고객에게 보답하기위해 월 서비스 요금을 오 퍼센트를 낮출 것이다.)

It means we can offer electric Smarts at affordable monthly lease rates to participants.

7 shade와 shadow의 차이

shade는 "(시원한) 그늘"이란 뜻이다. 그리고 shadow는 "그림자"라는 뜻이다. shade는 셀 수 없는 명사로 '태양의 열기가 미치지 않아서 어둑하고 시원한 곳이나 부분'을 나타낸다. shadow는 셀 수 있는 명사로 '빛이 어떤 사람이나 사물에게로 비쳐질 때 생기는 어두운 형체'를 나타내고 셀 수 없는 명사로 '그 속에 사물이 쉽게 구별이 안 되는 어두운 부분'을 나타낸다.

〈shade의 경우〉

She stopped frequently in the shade.
(그녀는 자주 그늘에서 걸음을 멈추었다.)
We sat down in the shadow of the wall.
(우리는 담 그늘에 앉았다.)
We sat in the leafy shade of an oak tree.
(우리는 떡갈나무의 무성한 잎이 만드는 그늘 속에 앉아 있었다.)
The temperature can reach 40℃ in the shade.
(기온이 그늘에서도 섭씨 사십 도까지 오를 수 있다.)
They ate and drank and lounged in the shade.
(그들은 그늘에서 먹고 마시며 편안히 쉬었다.)
The only shade was under the body of the plane.
(유일한 그늘은 비행기 동체 아래뿐이었다.)
They all sit on the dirt in the dappled shade of a tree.
(그들 모두 얼룩덜룩한 나무 그늘 밑의 땅바닥에 앉아 있다.)
The branches provided plenty of shade.
It's too hot here. Let's go and find some shade.
The trees provide shade for the animals in the summer.

◈ shade는 명사로 "(시원한) 그늘" 이 외에 ① "(전등의) 갓, 빛 가리개", ② "(창문에 치는) 블라인드"(=blind), ③ "색조", ④ "(그림의) 음영", ⑤ "(의견·감정 등의) 미묘한 차이[색깔]", ⑥ "약간, 기미"(=touch), ⑦ 복수로 "선글라스"(=sunglasses), ⑧ "~을[를] 상기시키는 것"과 ⑨ "유령, 귀신"이란 뜻으로 쓰인다.

①의 예

an eyeshade(보안용 챙[차양])

I bought new shade for the lamp.

(나는 그 램프에 씌울 새 갓을 하나 샀다.)

Without a shade, the lamp affords only a garish light.

(갓을 안 달면 전등이 눈에 강하게 비친다.)

Pull down the shade if you want to sleep late in the morning.

(아침 늦게까지 자고 싶다면 차양을 내려라.)

I'm here now and I don't need shades.

②의 예

Could you pull the shade down?

(창 가림막을 내려주시겠습니까?)

Lower the shade, don't let them see you!

(그 커튼을 내려, 그들이 널 보지 못하도록!)

Nancy left the shades down and the lights off.

(낸시는 차양을 쳐진 채로 그리고 전등빛은 꺼진 채로 놔뒀다.)

Can you open the doors while I pull up the shades?

③의 예

a delicate/pale/rich/ soft shade of red(은은한/연한/풍부한[짙은]/부드러운 색조의 붉은색)

She was wearing an unbecoming shade of purple.

(그녀는 어울리지 않는 색조의 보라색을 입고 있었다.)

The room was painted in an unappealing shade of brown.

(그 방은 보기 안 좋은 색조의 갈색으로 칠해져 있었다.)

This shade coordinates with a wide range of other colours.

(이 색조는 대단히 다양한 다른 색깔들과 잘 어울립니다.)

The paint can be diluted with water to make a lighter shade.

(더 옅은 색조를 내려면 페인트에 물을 섞어 희석하면 된다.)

She turned a deathly shade of white when she heard the news.

(그녀는 그 소식을 듣자 얼굴이 죽은 사람처럼 하얗게 변했다[얼굴의 핏기가 싹 가셨다].)

The walls were painted in two shades of green.

Her nails were varnished a brilliant shade of red.

④의 예

I prefer a bit of shade.

(나는 약간의 음영을 더 좋아해.)

The painting needs more light and shade.

(그 그림에는 더 많은 명암이 들어가야 해.)

This produces a lighter shade for the line color.

(선 색상에 더 밝은 음영을 줄 수 있습니다.)

Rembrandt's skillful use of light and shade to create the atmosphere of movement.

⑤의 예

politicians of all shades of opinion(온갖 색깔의 견해를 지닌 정치인들), the capacity to convey subtle shades of meaning.(의미의 미묘한 차이를 전달할 수 있는 능력)

The word has many shades of meaning.

(그 낱말은 미묘하게 다른 의미를 많이 갖는다.)

They are hoping to satisfy all shades of public opinion.

(그들은 여론의 모든 차이를 만족시켜주기를 바라고 있다.)

They are others of a different shade of political opinions.

(그들은 정견(政見)을 달리하고 있는 타인들이다.)

There are several shades of meaning in that sentence.

⑥의 예

The coffee is a shade too bitter.

(커피는 좀[약간] 많이 쓰다.)

He was feeling a shade disappointed.

(그는 약간 실망이 되었다.)

There was a shade of humor in his voice.

(그의 목소리에는 약간 익살기가 섞여 있었다.)

He found her charming, but perhaps just a shade too ingenuous for him.

⑦의 예

I‘ve got sunscreen and my shades.

(나는 자외선 차단제랑 선글라스를 갖고 있다.)

I bought these shades for only 20 bucks.

(나는 이 선글라스를 단 돈 이십 달러에 샀어요.)

She was wearing a black leather jacket and shades.

⑧의 예

* 주로 shades of sb/sth의 형태로 쓰이는데 shades는 복수로 쓴다.

short skirts and long boots—shades of the 1960s(짧은 치마와 긴 부츠—천구 백육십 년대를 상기시키는 것들)

It is a shades of grey situation.

(그것은 암울한 상황의 한 단면이다.)

These are shades of my school.

(이것들이 내 학교를 생각나게 한다.)

He's an educated, ambitious young politician from the South—shades of Bill Clinton.

⑨의 예

He speaks with the shade of Homer.

(그는 호머의 유령과 이야기한다.)

I saw an angel but it was the shadow of a shade.

(나는 천사를 보았지만 그것은 환영이었다.)

His writing benefits from the shade of Lincoln hovering over his shoulder.

◈ shade의 숙어로 put sb/sth in the shade가 있다.

▶ put sb/sth in the shade: put sb/sth in the shade는 "~을[를] 무색하게 [보잘 것 없게] 만들다, ~을[를] 눈에 띄지 않게 하다"라는 뜻이다.

I tried hard but her work put mine in the shade.

(나는 열심히 노력했지만 그녀의 작품 앞에서 내 작품은 무색할 정도였다.)

His work has been put in the shade for a long time.

(그의 작품은 오랫동안 빛을 보지 못했다.)

Her stunning beauty put other girls in the room in the shade.

(그녀의 뛰어난 아름다움은 그 방의 다른 사람들을 눈에 띄지 않게 했다.)

I think that the real reason is that the Minister thinks that he might be put in the shade.

◈ shade는 동사로 ① "그늘지게 하다, (빛이 바로 닿지 않도록) 가리다", ② "(전등 등에) 갓[차양/가리개]을 씌우다[달다]", ③ "(그림 등에) 음영을 넣다[음영 처리를 하다]"와 ④ "(경쟁에서) 가까스로 이기다"라는 뜻으로 쓰인다.

①의 예

* 주로 shade sb/sth(from/against sth)의 형태로 쓰인다.

The trees shade the house nicely.

(그 나무들이 그 집에 기분 좋은 그늘을 드리워 준다.)

She shades her eyes with her hand.

(그녀는 (빛에 눈이 부시지 않게) 손으로 눈을 가린다.)

Driving into the sun, we had to shade our eyes.

(해 쪽을 향해[해를 마주보며] 차를 달리고 있었으므로 우리는 눈 위를 가려야 했다.)

Umbrellas shade outdoor cafes along winding cabblestone streets.

These plants will grow happily in a sunny and partially shaded spot.

You can't look directly into it; you've got to shade your eyes or close them together.

I had to stop at the traffic lights and put down the sun visor to shade my eyes from the light.

②의 예

a shaded lamp(갓을 씌운 전등)

The lady had the benefit of a full beam from the softly shaded lamp.

(그 부인은 은은하게 비치는 갓 씌운 전등에서 나는 화사한 빛으로 밝게 빛나고 있었다.)

First he bought a shaded lamp for four and six-pence, and obtained a good light.

(먼저 그는 갓을 씌운 전등을 사 파운드 육 페니에 샀는데 좋은 전등을 구했다.)

The only other object on the table was a small shaded lamp, the bright light of which fell upon the model.

(테이블 위에 있는 다른 유일한 물건은 자그마한 갓을 씌운 전등이었다. 그 전등의 밝은 빛이 모델을 비추고 있었다.)

In the glow of the shaded lamp she seemed a figure of marvelous potentiality.

③의 예

* 주로 shade sth (in)의 형태로 쓰인다.

I'm going to shade this part in.

(이 부분에 음영[바림]을 넣을 생각이다.)

He is shading to give a three-dimensional effect.
(그는 삼 차원 효과를 주기 위해 음영을 넣고 있다.)
What do the shaded areas on the map represent?
(지도에서 음영 처리가 된 부분은 무엇을 나타내나요?)
This results in the model becoming completely shaded.

④의 예
So I still think we'll shade it.
(그래서 여전히 나는 우리가 우세할 것이라고 생각한다.)
In terms of the midfield, Arsenal probably shade it.
(미드필드에서는, 아마도 아스널이 우세하다.)
Home Sport Columnists Betting Boys Chelsea to shade it.
(홈 스포츠 기자단인 베팅 보이즈는 첼시가 우세할 것으로 점쳤다.)
I thought that things were pretty even up until the first goal, although Utd could have just shaded it.

◈ shade의 구동사(phrasal verb)로 shade into sth이 있다.

▶ shade into sth: shade into sth은 "서서히 ~으로 바뀌다"라는 뜻이다.
Distrust of foreigners can shade into racism.
(외국인들에 대한 불신이 서서히 인종 차별주의로 바뀔 수가 있다.)
The scarlet of the wings shades into pink at the tips.
(그 날개의 진홍색이 끝 부분부터 서서히 분홍색으로 바뀌었다.)
Religious issues may also shade into matters of political controversy.
(종교적 쟁점도 아마 서서히 정치적 논란으로 바뀔 것이다.)
Sometimes nervousness can shade into fear.

<shadow 의 경우>

The ship's sail cast a shadow on the water.

(배의 돛이 물 위에 그림자를 드리우고 있었다.)

The shadows lengthened as the sun went down.

(해가 넘어가면서 그림자가 더 길어졌다.)

The sad news cast a shadow over the proceedings.

(그 슬픈 소식이 일의 진행에 그림자를 드리웠다.)

He didn't want to cast a shadow on their happiness.

(그는 그들의 행복에 그림자를 드리우고 싶지 않았다.)

* 이것은 비유적인 표현이다.

An oak tree cast its shadow over a tiny round pool.

(떡갈나무가 작고 둥그런 수영장 위에 그림자를 드리웠다.)

Nothing would grow in the shadow of the gray wall.

(그 회색 벽의 그림자 아래에서는 어떤 것도 자라지 않을 것이다.)

The children were having fun, chasing each other's shadows.

(그 아이들이 서로의 그림자를 쫓으면 재미있게 놀고 있었다.)

The setting sun cast long shadows down the beach.

He didn't want to cast a shadow on their happiness.

After Tom was robbed, he was even afraid of his own shadow.

◈ shadow는 명사로 “그림자” 이 외에 ① “어둠, 그늘(특히 그 안에 있는 사람이나 사물이 잘 보이지 않음을 나타낼 때 씀)”, ② “(~의) 희미한 흔적, 일말[추호] (의~)”(=hint), ③ “(보통 나쁜) 영향, 그늘”, ④ “(누구를 항상 따라다니는) 그림자(같은 존재)”, ⑤ “환영(실재하지 않거나 얻을 수 없는 것)”과 ⑥ “(피곤하거나 해서 눈 밑에 생긴) 그늘”이란 뜻으로 쓰인다.

①의 예

Most of the lake was in shadow.

(호수의 대부분은 그늘 속에 있었다.)

I thought I saw a figure standing in the shadows.

(난 어둠[그늘] 속에 서 있는 사람 모습을 본 것 같았다.)

His face was deep in shadow, turned away from her.

(그의 얼굴은 그녀에게서 고개를 돌린 채 짙은 어둠 속에 있었다.)

The tall oak projected a long shadow on the ground.

②의 예

* 주로 shadow of sth의 형태로 쓰인다.

A shadow of a smile touched his mouth.

(그의 입에 희미하게 미소가 스쳤다.)

I believed his story not the shadow of a suspicion.

(나는 한 가닥 의심도 없이 그의 이야기를 믿었다.)

She knew beyond a shadow of a doubt that he was lying.

(그녀는 그가 거짓말을 하고 있다는 것을 일말의 의심도 없이 알고 있었다.)

It was without a shadow of a doubt the best we've played.

③의 예

* 주로 shadow of sb/sth의 형태로 쓰인다.

A shadow fell across her face.

(그녀의 얼굴에 그늘이 드리워졌다.)

The new leader wants to escape from the shadow of his predecessor.

(새 지도자[대표]는 전임자의 영향[그늘]에서 벗어나고 싶어 한다.)

These people have been living for years under the shadow of fear.

(이 사람들은 오랫동안 두려움의 그늘 속에서 살아왔다.)

The event cast a shadow on our friendship.

④의 예

Sally is looking at her shadow.

(샐리는 자기 그림자를 보고 있다.)

I swear I will be by your side like a shadow.

(나는 그림자처럼 당신 곁에 붙어있을 것을 맹세해요.)

He followed his mother around all day like a shadow.

(그는 하루 종일 그의 엄마를 그림자처럼 따라다녔다.)

She is afraid of her own shadow.

⑤의 예

She was pursuing by a shadow.

(그녀는 환영에 쫓기고 있었다.)

You can't spend all your life chasing shadows.

(자네는 평생을 환영만 쫓으며 보낼 수는 없어.)

I saw an angel but it was the shadow of a shade.
(나는 천사를 보았지만 그것은 환영이었다.)
He was running a shadow.

⑥의 예
She put on some make-up to cover the dark shadows under her eyes.
(그녀는 두 눈 아래에 있는 진한 그늘을 감추기 위해 약간의 화장을 했다.)

▶ shadow의 숙어로 be frightened/nervous/scared of one's own shadow와 in/under the shadow of가 있다.

❊ be frightened/nervous/scared of one's own shadow: be frightened/nervous/scared of one's own shadow는 "제 그림자에도 놀라다/초조해 하다/몹시 겁을 내다"라는 뜻이다.

You idiot, you're frightened of your own shadow.
(이 멍청이, 넌 네 그림자에 두려워하는구나.)
They'll be frightened of their own shadow before too long.
(그들은 너무 오래되기 전에 그들의 그림자에 두려워할 것이다.)
I was struck by his observation that the BBC was frightened of its own shadow.
Since the attack he's been a changed man. He's nervous of his own shadow and doesn't like to go out alone at night.

You're scared of your own shadow.
(자네는 너 자신의 그림자에도 몹시 겁을 내는구나.)
They seem to be scared of their own shadows.
(그들은 그들 자신의 그림자에도 몹시 겁을 내는 것처럼 보인다.)
You walk around here as if you're scared of your own shadows.
(넌 너 자신의 그림자에도 몹시 겁을 내는 것처럼 여기를 걸어다니는구나.)
A lot of politicians are scared of their own shadows so they parse their words.

❋ in/under the shadow of: in/under the shadow of는 ① "…의 아주 가까이에", ② "(다른 사람의) 그늘에 가려(그 사람만큼 관심을 받지 못한다는 뜻)"와 ③ "그림자[그늘] 아래에서"라는 뜻이다.

①의 예

It lies under the shadow of the castle.
(그것은 그 성의 근방에 있다.)
What lies in the shadow of the statue?
(그 동상 아주 가까이 무엇이 있느냐?)
They were in the shadow of the church.
(그들은 교회 아주 가까이 있었다.)
The new market is in the shadow of the City Hall.
(그 새 시장은 시청에서 아주 가깝다.)
It is quite individual but we live and work in the shadow of Hollywood.

②의 예

I stand in the shadow of your justice.

(나는 당신의 정의의 그늘 속에 서있다.)

He has always lived in the shadow of his brother.

(그는 항상 형의 그늘에 가려진 채 살아 왔다.)

They grew up in the shadow of ignorance and poverty.

(그 아이들은 무지와 빈곤의 그늘 속에서 성장했다.)

Doug lived in the shadow of his seemingly omnipotent father.

③의 예

They sat under the shadow of a tree.

(그들은 나무 그늘에 앉아 있었다.)

She stood in the shadow of the curtains.

(그녀는 휘장 뒤 어둑한 곳에 서 있었다.)

Nothing would grow in the shadow of the gray wall.

(그 회색 벽의 그림자 아래에서는 어떤 것도 자라지 않을 것이다.)

I spent four years partying in the shadow of that building.

◈ shadow는 동사로 ① "(흔히 비밀리에) 그림자처럼 따라 다니다, 미행하다", ② "(누군가로부터 무엇을 배우기 위해) 함께 하다[지내다]"와 ③ "그늘을 드리우다"라는 뜻으로 쓰인다.

①의 예

He is shadowed by the police.

(경찰이 그의 뒤를 밟고 있다.)

He was shadowed for a week by the secret police.

(그에게는 일주일 동안 비밀경찰이 그림자처럼 따라 다녔다.)

The police think that the robbers shadowed their victims for days before the crime.
(경찰은 그 도둑들이 범죄를 저지르기 전에 몇 일 동안 피해자를 미행했다고 생각한다.)
The supporters are being shadowed by a large and highly visible body of a police.

②의 예

It is often helpful for teacher to shadow managers in industry.
(교사들이 산업계의 관리자들과 함께 지내는 것이 흔히 도움이 된다.)

③의 예

The hood shadowed her face.
(그 모자는 그녀의 얼굴에 그늘을 드리웠다.)
A wide-brimmed hat shadowed her face.
(챙 넓은 모자가 그녀의 얼굴에 그늘을 드리워 주고 있었다.)
The bay was shadowed by magnificent cliffs.
(그 만(灣)에는 장엄한 절벽이 그늘을 드리우고 있었다.)
The wide brim of her hat shadowed her face.

◈ shadow는 형용사로 "(英) 그림자[제일 야당] 내각의"란 뜻으로 쓰인다.
the shadow Chancellor(그림자[제일 야당] 내각의 재무장관), the shadow Cabinet(그림자[제일 야당] 내각(그 당이 차기 대선에서 승리하면 정부 각료를 맡을 사람들로 구성됨)
George Osborne, the shadow chancellor, replies.
(제일 야당 내각 재무장관인 조지 오즈번은 대답했다.)

George Osborne, the Shadow Chancellor, has a wallpaper shop.
(제일 야당 내각 재무장관인 조지 오즈번은 벽지 가게를 갖고 있다.)
The shadow Chancellor may well have laid claim to that epithet now.
(야당 의장이 이제 그 별명에 대한 주장을 했는 것도 당연할지 모른다.)
The Shadow Chancellor now has the second-lowest approval rating in the Shadow Cabinet.
(야당 출신 재무장관이 연립 내각에서 두 번째로 낮은 지지율을 받았다.)
It is interesting that the shadow Chancellor does not want to know that we work within those two fiscal rules.

8 wage와 salary, pay의 차이

wage는 "(보통 주단위로 받는) 임금[급료]"이란 뜻이다. salary는 "급여, 봉급, 월급"이란 뜻이다. pay는 "급료, 보수"라는 뜻이다.

wage는 '누군가가 일주일에 한 번 지급받는 금액'이다. 그리고 wage는 '실제 동전이나 은행지폐 보다 지불금의 율이나 정도[수준]'에 관해 고려할 때 쓰인다. salary는 '누군가가 일 년 동안 일을 한데 대해 받는 돈의 액수'인데, 보통 한 달에 한 번씩 바로 자신의 은행계좌로 입금이 된다. pay는 '사람들이 하는 일에 대해 받게 되는 돈'에 대한 일반적인 낱말이다. 그런데 허물없이 쓰는 경우에는 이 세 가지 낱말들이 같은 의미로 쓰이기도 한다.

〈wage의 경우〉

wage cuts(임금 삭감), a wage increase of 3%(삼 퍼센트의 임금 인상), wage demands/claims/settlements(임금 요구/청산/정산), a weekly wage of ￡200(이백 파운드의 주급(週給))

Wages are paid on Fridays.
(임금[급료]은 금요일마다 지급된다.)

The staff have agreed to a voluntary wage freeze.
(직원들이 자발적인 임금 동결에 동의했다.)

There are extra benefits for people on low wages.
(저임금을 받는 사람들에 대해서는 추가 수당이 있다.)

He worked a 16-hour day for a subsistence wage.
(그는 최저 생활 임금을 받기 위해 하루에 16시간을 일했다.)

Real wage costs have risen by 10% in the past year.
(지난 한 해 동안 실질 임금 비용이 십 퍼센트 올랐다.)

The union had sought a wage increase, a shorter workweek.
(노동조합은 임금 인상과 주당 근로 시간 단축을 요구했었다.)

These people deserve to make more than the minimum wage.

(이 사람들은 최저 임금보다 많은 돈을 받을 만한 사람들이다.)

He opened the envelope and counted his wages.

They're demanding a 20 per cent wage increase.

They've raised the minimum wage from $4.25 an hour to $5.50.

◈ wage는 "임금[급료]"라는 뜻 이 외에 동사로 "(전쟁 · 전투 등을) 벌이다[계속하다]라는 뜻도 있다. 이 경우 주로 wage sth(against/on sb/sth의 형태이다.

Both teams will wage all-out war in today's game.

(양 팀은 오늘 시합에서 총력전을 펼칠 것이다.)

The rebels have waged a guerrilla war since 2001.

(반란군은 이천일 년 이후로 게릴라전을 벌여 왔다.)

He alleged that a press campaign was being waged against him.

(그는 언론의 선거 홍보가 자신에게 불리하게 벌어지고 있는 것 같다는 주장을 제기 했다.)

The government, along with the three factions that had been waging a civil war, signed a peace agreement.

〈salary의 경우〉

A 9% salary increase(구 퍼센트의 급여 인상), an annual salary of $40,000((연간 사만 달러의 급여)

She's on a salary of ￡24000.

(그녀는 이만사천 파운드의 급여를 받는다.)

His salary is now in six figures.

(그의 봉급은 이제 여섯 자리 수가 넘는다.)

He gets a basic salary plus commission.
(그는 기본 급여 더하기 커미션을 받는다.)
She asked for an advance on her salary.
(그녀는 월급을 가불해 달라고 부탁했다.)
I got a fantastic new job and my salary tripled.
(나는 너무나 괜찮은 새 직장을 얻었는데, 월급이 세 배나 돼.)
The only redeeming feature of the job is the salary.
(그 직장에서 다른 결점을 상쇄해 주는 유일한 장점이 급여이다.)
He thought she was highballing her salary requirements.
(그는 그녀가 보수 요구를 부풀리고 있다고 생각했다.)
She's on a salary of $35,000 a year.
He gets a basic salary plus commission.
I'll pay you back at the endo of the month when I get my salary.

〈pay의 경우〉

a pay increase(급료 인상)

* 영국영어에서는 "급료 인상"을 a pay rise라고 한다. 미국영어에서는 "급료 인상" 을 a pay raise라고 한다.

a 3% pay offer(삼 퍼센트의 급료 (인상) 제의), holiday pay(휴가비), to make a pay claim(급료 인상을 요구하다)
He will receive $6,000 in back pay.
(그는 체불 임금 육천 달러를 받을 것이다.)
I asked for a pay rise and she agreed.
(내가 임금 인상을 요구했고 그녀가 승낙했다.)
Her job is hard work, but the pay is good.
(그녀가 하는 일은 힘들지만 보수는 좋다.)

Whatever you do, don't ask for a pay increase.
(어쨌든 간에, 임금 인상은 생각하지 마세요.)
Pay increases have sunk to around seven percent.
(임금 상승률이 약 7퍼센트로 낮아졌다.)
The schools' main problem is that teachers' pay is so bad.
(학교의 가장 큰 문제는 교사들의 보수가 열악하다는 것이다.)
They have won previous pay disputes with the government.
(그들은 이전에 정부와 벌였던 임금 쟁의에서 이겼다.)
He's lost a month's pay.
The pay increase will be introduced in stages.
They've been given a pay rise of £20 a week.

◈ pay의 숙어로 in the pay of sb/sth이 있다.

▶ in the pay of sb/sth: in the pay of sb/sth은 "(흔히 비밀리에)~을[를] 위해 일하는, ~에 고용되어서"이란 뜻이다.
He is in the pay of the company.
(그는 회사에 근무한다.)
He's been in the pay of our rivals for the last ten years.
(그는 지난 십 년 동안 우리의 경쟁 상대를 위해 일해 왔다.)
The democrat party have always been in the pay of Israel.
(민주당은 항상 이스라엘을 위해 일해 왔다.)
Suppose they are in the pay of the company concerned.

◈ pay는 명사로 “급료, 보수”라는 뜻 이 외에 동사로 ① “(물건 값·서비스 비용·일의 대가 등을) 지불하다[내다/주다]”, ② “(지불할 의무가 있는 돈을) 내다[납부하다/지불하다]”, ③ “(사업체 등이) 수익을 내다”, ④ “(…에게) 이득이 되다”, ⑤ “(자신의 신념·행동에 대한) 대가를 치르다”와 ⑥ “(일부 명사와 함께 쓰여) …을[를] 하다”라는 뜻이다.

①의 예

I'll pay for the tickets.

(표 값은 내가 낼게.)

Would you mind paying the taxi driver?

(택시 기사에게 요금을 좀 내주시겠어요?)

Are you paying in cash or by credit card?

(현금으로 내시겠어요 아니면 신용카드로 지불하시겠어요?)

She pays £200 a week for this apartment.

(그녀는 이 아파트 세로 일주일에 이백 파운드를 낸다.)

Her parents paid for her to go to Canada.

(그녀의 부모님이 그녀가 캐나다로 가는 비용을 지불했다[대 주셨다].)

He still hasn't paid me the money he owes me.

(그가 아직 내게 주어야 할 돈을 주지 않았다.)

I don't pay you to sit around all day doing nothing!

(하루 종일 아무 일도 안 하고 앉아서 빈둥거리라고 당신한테 돈 주는 거 아냐!)

I'm paid $100 a day.

My company pays well.

Can I pay for my purchases with a credit card?

②의 예

to pay a bill/debt/fine/ransom, etc.((계산서대로) 돈을 치르다[계산하다]/빚을 갚다/벌금을 내다/몸값을 지불하다 등)

Have you paid him the rent yet?

(그 사람에게 집세 벌써 냈어요?)

They couldn't afford to pay the bills.

(그들은 각종 공과금을 낼 돈이 없었다.)

Membership fees should be paid to the secretary.

(회비는 총무에게 내야[납부해야] 한다.)

The wealthier may have to pay a little more in taxes.

(돈이 많을수록 세금을 조금 더 내야 할지도 모른다.)

He struggled to pay the rent on his $88 a month tenement.

(그는 한 달에 팔십팔 달러의 공동 주택비용을 내기위해 고분군투 했다.)

You'll be thrown out if you don't pay the rent.

They agreed to pay the costs of any repairs.

③의 예

It's hard to make farming pay.

(농사로 수익을 내기는 힘들다.)

enterprise will not pay you.

(그 사업은 수지가 안 맞을 것이다.)

As labor is very expensive, the work will not pay.

(공임이 비싸서 수지가 맞지 않는다.)

Business doesn't pay in these depression days.

④의 예

Crime doesn't pay.

(범죄 행위는 득이 되지 않는다.)

And the moral is that crime doesn't pay.

(그리고 그 교훈은 범죄가 득이 안 된다는 것이다.)

It pays to keep up to date with your work.

(자기가 하는 일이 늘 최신의 상태가 되도록 하는 것이 득이 된다.)

It would probably pay you to hire an accountant.

⑤의 예

You'll pay for that remark!

(당신 그 말에 대해 대가를 치르게 될 걸!)

Many people paid with their lives.

(많은 사람들이 목숨을 잃은 대가를 치렀다.)

He was to pay dearly for his lack of resolve.

(결단력 부족으로 그는 훗날 큰 대가를 치르게 되었다.)

Why should I pay the penalty for somebody else's mistake?

⑥의 예

I'll pay a call on my friends.

(내가 친구들을 방문할 것이다.)

I'll pay you a call when I'm in town.

(내가 (시내에) 오는 길이 있으면 당신에게 들를게요.)

Pay us a visit next time you're in Portland.

(다음에 포틀랜드에 오실 때 꼭 들러 주세요.)

I didn't pay attention to what she was saying.

(나는 그녀가 하는 말에 주의를 기울이지 않았다.)

All the parties pay lip service to environmental issues.

(모든 정당들이 환경 관련 쟁점들에 대해 말만 앞세운다.)

If you have time, pay a visit to the local museum.

The director paid tribute to all she had done for the charity.

◈ pay의 구동사로 pay sb back | pay sth back, pay sb back (for sth), pay sb off와 pay sth off 등이 있다.

▶ pay sb back | pay sth back: pay sb back | pay sth back은 "(빌린 돈을) 갚다[돌려주다/상환하다]"(=repay)라는 뜻이다.

I'll pay you back next week.

(다음주에 네 돈 돌려줄게.)

You can pay back the loan over a period of three years.

(그 융자금은 삼 년이라는 기간에 걸쳐 상환할 수 있다.)

Did he ever pay you back that $100 he owes you?

(그가 네게 빌린 그 백 달러를 갚기나 했니?)

We must pay the money back to the firm before they notice that it's missing.

▶ pay sb back (for sth): pay sb back (for sth)은 "(자기가 당한 고통에 대해) ~에게 갚아주다"라는 뜻이다.

Some day I'll pay you back for this!

(이것을 언젠가는 네게 갚아 주겠어!)

pay him back for the trick he played on me.

(날 속인 데 대해 그에게 대가를 치르도록 하고 말겠어.)

I'll pay him back for making me look like a fool in front of everyone.
(모든 사람들 앞에서 나를 바보로 만든데 대해 그에게 갚아 주겠어.)
This how you pay me back for all the love I showed?

▶ pay sb off: pay sb off는 ① "~에게 급료를 주고 해고하다"와 ② "(돈으로) ~을 [를] 매수하다"라는 뜻이다.

①의 예

If I win, you won't pay off.
(내가 만약 이긴다면, 너는 해고되지 않을 거야.)
Many employees were paid off last year.
(작년에 많은 직원들이 해고됐어요.)
The crew were paid off as soon as the ship docked.
(그 선원들은 배가 선착장에 닿자마자 급료를 받고 해고되었다.)
Staff are paid off, and jobs are merged.

②의 예

So, you pay off customs officials?
(그래서, 너는 세관 공무원을 매수하는 거야?)
All the witnesses had been paid off.
(그 증인들은 모두 매수되어 있었다.)
About 20 percent goes to pay off officials who look the other way.
(약 이십 퍼센트는 눈감아주는 공무원들에게 뇌물을 바치는데 간다.)
Many people pay off high officials in order to get lead way in court and other places.

▶ pay sth off: pay sth off는 "~을[를] 다 갚다[청산하다]"라는 뜻이다.

We paid off our mortgage after fifteen years.

(우리는 십오 년 후에 (주택) 융자금을 다 갚았다.)

I need to pay off all my debts before I leave the country.

(나는 이 나라를 떠나기 전에 모든 부채를 청산해야 한다.)

It would take him the rest of his life to pay off that loan.

(그가 그 대출금을 다 갚으려면 평생이 걸릴 것이다.)

Three years later, he is still paying off his debts.

익힘문제

* 다음 글에서 틀린 부분이 있으면 고쳐 쓰세요.

1. The basic salary is £60 per week.

2. He has an annual wage of $40,000.

3. The illness has left her with no power.

4. We must not forget Japan's economic force.

5. The nature of mankind is very complicated.

6. Her flight was held up on account of the mist.

7. I didn't know that there would be a delivery fee.

8. I sat down in the shadow of a huge eucalyptus tree.

9. I thought I saw someone's shade go past the window.

10. If you hire a television, there is a monthly fee to pay.

11. They don't want children, for purely personal arguments.

12. He ran away from home after a discussion with his father.

13. These bombs could lead to the destruction of the mankind.

14. By the end of the war he had been promoted to the grade of captain.

15. We'd like some information about the types of room available and the hotel fees.

16. There are several good arguments for people preferring to live in the countryside.

17. After dealing with customer enquiries for a year I was promoted to a higher rank and given my own office.

* 다음 영문을 한글로 옮기시오.

18. I'll pay him back for the trick he played on me.

19. The scarlet of the wings shades into pink at the tips.

20. It stands to reason that it should be completely obvious.

ANSWERS

1. The basic pay/wage is £60 per week.
2. He has an annual salary of $40,000.
3. The illness has left her with no energy.
4. We must not forget Japan s economic power.
5. Human nature is very complicated.
6. Her flight was held up on account of the fog.
7. I didn t know that there would be a delivery charge.
8. I sat down in the shade of a huge eucalyptus tree.
9. I thought I saw someone s shadow go past the window.
10. If you hire a television, there is a monthly rental to pay.
11. They don t want children, for purely personal reasons.
12. He ran away from home after an argument with his father.
13. These bombs could lead to the destruction of mankind.
14. By the end of the war he had been promoted to the rank of captain.
15. We d like some information about the types of room available and the hotel rates.
16. There are several good reasons for people preferring to live in the countryside.
17. After dealing with customer enquiries for a year I was promoted to a more senior position and given my own office.
18. 날 속인 데 대해 그에게 대가를 치르도록 하고 말겠어.
19. 그 날개의 진홍색이 끝 부분부터 서서히 분홍색으로 바뀌었다.
20. 그것은 명확해야만 하는 것이 당연하다.

PART 4
형용사

1 ample과 spacious의 차이

ample은 '충분한, (사람의 모습이) 풍만한, 풍부한, 넓은'(=plenty of)이란 뜻으로 충분하거나 그 이상인 경우나 많은 경우에 쓰인다. spacious는 '(방 · 건물이) 널찍한, 넓은, 공간이 넓은'(=roomy)이란 뜻으로 공간이 많이 있으면서 넓은 경우에 쓰인다.

〈ample의 경우〉

Ample free parking is available.
(충분한 무료 주차 공간이 확보되어 있습니다.)
There is space for an ample car park.
(자동차 주차하기에 충분한 공간이 있다.)
The area has ample rainfall for agriculture.
(그 지역에는 농사짓기에 충분한 양의 비가 온다.)
We have ample time to discuss that matter.
(그 문제를 토의할 시간이 충분히 있다.)
There was ample time to get to the airport.
(공항까지 갈 시간은 충분했다.)
Just one spoonful should be ample.
The boot contains ample room for two large suitcases.
He was given ample opportunity to express his opinion.

〈spacious의 경우〉

They specified a spacious entrance hall.
(넓은 현관홀을 조건으로 들었다.)
The accommodation is simple but spacious.
(소박했지만 공간이 넓었다.)

Ia small car, yet it's surprisingly spacious.

(이것은 작은 승용차이다. 그렇지만 놀라울 정도로 널찍하다.)

The house has a spacious kitchen and dining area.

(그 집은 주방과 식당이 넓다.)

The spacious gardens are a special feature of this property.

(넓은 정원이 이 집의 두드러진 특징이다.)

The rooms were spacious, with tall windows and high ceilings.

방들은 널찍했고, 창문과 천장이 높았다.)

These ideal holiday homes are extremely spacious and within walking distance of the sea.

The layout of that office is spacious.

They specified a spacious entrance hall.

The spacious gardens are a special feature of this property.

❈ spacious의 명사는 spaciousness('널찍함')이다.

White walls can give a feeling of spaciousness.

(흰색 벽은 널찍한 느낌을 줄 수 있다.)

A high ceiling creates a feeling of spaciousness.

(천장이 높으면 널찍한 느낌을 자아낸다.)

A high ceiling gives a feeling of airiness and spaciousness.

(천장이 높으면 통풍이 잘 되며 널찍하다는 느낌을 준다.)

We have a 1930s house, thrice-extended and friends marvel at its spaciousness.

2 annoyed with/at sb와 annoyed at/about sth의 차이

annoyed는 형용사로 "짜증이 난, 약이 오른"(=irritated)이란 뜻으로 쓰인다. annoyed 다음에 전치사의 종류에 따라 사람이 올 수도 있고 사물이 올 수도 있다. 여기에 해당되는 것이 annoyed with/at ab와 annoyed at/about sth이 있다. irritated는 "짜증[화]이 난"이란 뜻으로, '오랜 기간에 걸쳐 반복적으로 또는 계속해서 발생하는 불쾌한 어떤 것이 일어나지만 자신이 그것을 저지할 수 없다는 것을 알기 때문에 짜증나게 하거나 거슬리는 경우'에 쓰인다. irritated와 같은 경우와 같이 오랜 기간에 걸쳐서 일어나는 그 무엇으로 인한 것인 경우에 쓰이는 것으로 frustrated(좌절감을 느끼는, 불만스러워 하는)라는 형용사가 있다.

annoy는 동사로 ① "짜증나게(약 오르게) 하다"와 ② "귀찮게 하다"(=bother)라는 뜻으로 쓰인다. 그런데 annoy와 비슷한 뜻인 irritate(짜증나게 하다, 거슬리다)와 약간의 차이가 있다. irritate는 '오랜 기간에 걸쳐 반복적으로 또는 계속해서 발생하는 불쾌한 어떤 것이 일어나지만 자신이 그것을 저지할 수 없다는 것을 알기 때문에 짜증나게 하거나 거슬리는 경우'에 쓰인다. irritate와 같은 경우와 같이 오랜 기간에 걸쳐서 일어나는 그 무엇으로 인한 것인 경우에 쓰이는 것으로 frustrate(좌절감을 주다, 불만스럽게 만들다)라는 동사가 있다.

〈annoyed의 경우〉

He was plainly annoyed.
(그는 노골적으로 짜증을 내고 있었다.)
I was, to put it mildly, annoyed.
(나는, 부드럽게 표현하자면, 좀 짜증스러웠다.)
I was well annoyed, I can tell you.
(난 완전히 짜증이 났었어. 정말이야.)

I was annoyed that they hadn't turned up.
(그들이 나타나지 않아 나는 짜증이 났다.)
He was annoyed to find himself going red.
(그는 자지 얼굴이 빨개지는 걸 알고 약이 올랐다.)
I was annoyed that he asked me with insistence.
(나는 그가 나를 집요하게 물어보는 것에 대해서 짜증났다.)
A: Was she annoyed?
B: Not half!
(A: 그녀가 화가 좀 났었니?
B: 아주 많이 났었어!)
I was annoyed because I missed the bus.
I felt terribly annoyed by his lack of sensitivity.
Tell him you're annoyed and that you think he was rude.

〈annoyed with/at ab의 경우〉

He's really annoyed with them.
(그는 그들 때문에 속상해 하고 있습니다.)
Therefore, don't be annoyed with her.
(그러니까 그녀를 귀찮아 하지말아라.)
He is becoming more and more annoyed with her.
(그 남자는 그 여자를 점점 더 귀찮아 합니다.)
I was annoyed with myself for giving in so easily.
(나는 그처럼 쉽게 포기한 나 자신이 짜증스러웠다.)
She is annoyed with me because I spilled coffee on her dress.
(내가 그녀의 옷에 커피를 엎지른 것 때문에 그녀는 나한테 마음이 상해 있어.)

He was beginning to get very annoyed with me about my carelessness.
(그는 내가 조심성이 없다고 나에게 몹시 짜증을 내기 시작하던 참이었다.)
I was annoyed with myself for having so quickly and mindlessly lost thirty dollars.
(나는 바보같이 그렇게 순식간에 삼십 달러를 잃은 것에 대해 내 자신에게 화가 났다.)
She's annoyed with you for not answering her letters.
My boss is always getting annoyed with me for some reason or other.
I'm so annoyed with her that I haven't been near her for a week.

〈annoyed at/about sth의 경우〉

I was annoyed at his intrusion.
(나는 그의 참견에 짜증이 났다.)
She was annoyed at his rude manner.
(그녀는 그의 무례한 태도에 화가 났다.)
I bet she was annoyed at having to write it out again.
(그것을 완전히 다시 써야 했으니 그녀가 틀림없이 짜증이 났을 거야.)
The dean was vastly annoyed at the committee's delay.
(그 학장은 위원회의 지연에 속이 상했다.)
Elena was annoyed at having had to wait so long for him.
(엘레나는 그토록 오랫동안 그를 기다려야 했던 것이 불쾌했다.)
Mother is annoyed at Caleb's rudeness, but I can forgive it.
(어머니께서는 칼렙의 무례함을 언짢아하시지만, 나는 그것을 용서할 수 있다.)
She was annoyed at having three extra guests suddenly thrust on her.
(그녀는 갑자기 세 명의 손님을 더 떠안게 되어 짜증이 났다.)

I am not easily annoyed at trifles.

And he's right to be annoyed at the rules of international trade.

Needless to say, I am extremely annoyed at this company and am disputing their billing.

I was annoyed about the matter.

(나는 그 일에 골머리를 앓았다.)

I'm a bit annoyed about this selection.

(난 이 선택에 대해 약간 짜증이 난다.)

I am so annoyed about your comments.

(나는 너의 논평에 대해 굉장히 짜증이 난다.)

I was a little annoyed about the whole thing.

(나는 그 전체에 대해 약간 짜증이 났다.)

We understand that you may be a little annoyed about this.

(우리는 당신이 이것에 대해 약간 짜증이 날 수도 있다는 점을 이해해요.)

He is entirely right to be angry and annoyed about what has happened.

(그가 일어나고 있는 일에 대해 화를 내거나 짜증을 내는 것은 전적으로 옳다.)

I asked my Korean friends what specifically can be annoying about foreigners.

(나는 한국 친구들에게 구체적으로 외국인들의 어떤 점들이 못마땅하게 여겨지느냐고 물었다.)

I am very annoyed about Eddie's treatment of Murphy.

You're not annoyed about that whole murder thing, are you?

The thing that I'm really annoyed about is that nobody told me.

◈ frustrated 의 경우

Perhaps you would get frustrated easily.

(어쩌면 여러분은 쉽게 좌절할 것입니다.)

It's very easy to get frustrated in this job.

(이 일자리에서는 좌절감을 갖게 되기가 아주 쉽다.)

They felt frustrated at the lack of progress.

(그들은 진전이 없어서 불만스러워 하고 있었다.)

I do not know if I am happy or sad or frustrated.

(내가 행복한지, 슬픈지, 좌절감을 느끼는지 모르겠다.)

Students who can't read fluently become deeply frustrated.

(유창하게 읽지 못 하는 학생들은 크게 좌절하게 된다.)

I am constantly frustrated by all the nigging little jobs I have to do.

Anger is the natural reaction we experience when we feel threatened or frustrated.

▶ frustrated 가 "좌절감을 느끼는, 불만스러워 하는"이란 뜻 이 외에 ① "(감정이) 좌절당한, 충족되지 못한", ② 명사 앞에서만 쓰여 "(특정 분야에서) 성공하지 못한[좌절한]"과 ③ "(성생활에) 욕구불만인"이란 뜻으로도 쓰인다.

①의 예

frustrated desires(좌절된[충족되지 못한] 욕구들)

He stamped his foot in frustrated rage.

(그는 분이 안 풀려 발을 굴렀다.)

I do not know if I am happy or sad or frustrated.

(내가 행복한지, 슬픈지, 좌절당하는지 모르겠다.)

Behind every defeated man, there's a frustrated love.
(패배한 모든 남성의 배후에는 좌절된 사랑이 있다.)
I do love him, his energy, his blind frustrated rages.

②의 예

a frustrated actor(좌절한 배우). a frustrated artist(좌절한 화가)
He's probably just a frustrated actor, anyway.
(어떻든, 그는 아마도 좌절한 배우에 불과하다.)
Cartoonists, according to Martin Rowson, are either frustrated journalists or frustrated artists.
(마티 로우선에 따르면 만화가들은 좌절한 저널리스트이든지 혹은 좌절한 화가 들이다.)
Leonard is the frustrated artist of Robot Ninja, the greatest costumed superhero.
(레오나드는 의상을 입은 위대한 슈퍼히어로인 로보 닌자의 좌절한 예술가이다.)
A frustrated actor, he spends his workdays rousting pickpockets and his evenings perfecting his action poses in front of a mirror.

③의 예

They say people who drink a lot are frustrated.
(음주를 많이 하는 사람들은 (성생활에) 욕구불만이 많다고 하네요.)
I think we're just both really sexually frustrated.
(나는 우리 둘 다 정말 성적으로 불만이 있다고 생각한다.)
The wife, frustrated, falls in love with another man.
((성생활에) 욕구불만인 그 아내는 다른 남자와 사랑에 빠진다.)
You know any sexually frustrated old man heart problems?

〈annoy의 경우〉

①의 예

It annoys me to see him getting ahead of me.

(그가 나를 앞서는 것을 보니 약이 오른다.)

His constant joking was beginning to annoy her.

(그의 계속되는 농담에 그녀가 짜증이 나기 시작하는 참이었다.)

Anne was fond of Tim, though he often annoyed her.

(앤은 팀이 자신을 자주 짜증스럽게 했는데도 그를 좋아했다.)

It annoyed me that I didn't have time to do more ironing.

(다림질을 더 할 시간이 없자 나는 짜증이 났다.)

It really annoys me when people forget to say thank you.

(사람들이 잊어먹고 고맙다는 말을 안 할 때 나는 정말 짜증이 나.)

It just annoyed me to hear him going on.

My roommate's rude behavior has always annoyed me.

②의 예

The kid annoys me with his kitten!

(꼬마가 자기 고양이로 날 귀찮게 하잖아!)

He keeps annoying me over and over.

(그가 나를 자꾸 계속해서 귀찮게 한다.)

He swatted a fly that was annoying him.

(그가 자기를 귀찮게 하던 파리를 찰싹 쳤다.)

They do it deliberately, just to annoy me.

(그들은 단지 나를 귀찮게 하기 위해서 고의적으로 그것을 한다.)

That don't completely annoy one another?

(그게 완전히 다른 사람을 귀찮게 굴지 않나요?)

Actually, I ask to annoy you a lot.

Have the emissaries from the government annoyed you?

〈irritate의 경우〉

Her high voice really irritated Maria.

(그녀의 고음의 목소리가 마리아를 정말로 짜증나게 했다.)

She found his preoccupation with money irritating.

(그녀는 돈에 대한 그의 집착이 짜증스러웠다.)

Tim really annoyed me in the meeting this morning.

(팀은 오늘 아침 회의에서 나를 정말로 괴롭혔다.)

The way she puts on that accent really irritates me.

(그녀의 저런 말투는 날 정말 짜증나게 해.)

Her uncritical acceptance of everything I said began to irritate me.

(그녀가 내 말을 무엇이든 무비판적으로 받아들이는 것이 나를 짜증스럽게 만들기 시작했다.)

Perhaps they were irritated by the sound of crying.

I felt so tense that even the ticking of the clock began to irritate me.

▶ irritate는 "짜증나게 하다, 거슬리다"라는 뜻 이 외에 "(피부 등을) 자극하다"라는 뜻으로도 쓰인다.

Excessive exfoliation can irritate the skin.

(과도한 각질 제거는 피부를 자극할 수 있다.)

It can irritate the skin, eyes, nose and throat.

(그것이 피부, 눈, 코 그리고 목 안을 자극할 수 있어.)

Some drugs can irritate the lining of the stomach.

(일부 약물은 위벽을 자극할 수가 있다.)

Wear rubber gloves while chopping chilies as they can irritate the skin.
(고추는 피부를 자극할 수 있으니 고추를 다질 때는 고무장갑을 끼세요.)
In heavy concentrations, ozone is irritating to the eyes, nose and throat.
(심하게 농축된 오존은 눈과 코, 목에 자극적이다.)
But too much washing can irritate the skin.
Alcohol can also irritate the lining of the mouth.

〈frustrate의 경우〉

Low scores on the test frustrated him.
(낮은 시험 점수는 그에게 좌절감을 주었다.)
His carelessness frustrated me in my plan.
(그의 부주의가 내가 계획을 세우는 데 있어서 나를 불만스럽게 만들었다.)
It frustrates me when you say such reckless things.
(그것은 당신이 그런 무모한 말을 할 때 나에게 좌절감을 준다.)
I think it's frustrating for them not to do exactly what they want.
(나는 그들이 원하는 것을 정확히 할 수 없는 것이 불만스럽다고 생각한다.)
What frustrates him is that there's too little money to spend on the project.
(그가 불만스러운 것은 그 프로젝트에 쓸 돈이 너무 적다는 것이다.)
These questions frustrated me.
Doesn't it frustrate you that audiences in the theater are so restricted?

▶ frustrate 는 "좌절감을 주다, 불만스럽게 만들다"라는 뜻 이 외에 "방해하다, 좌절시키다"(=thwart)라는 뜻으로도 쓰인다.

That doesn't frustrate you, does it?

(저것은 너를 좌절시키지 않아, 그렇지 않아?)

They sought to frustrate that process.

(그들은 저 과정을 좌절시키고자 노력했다.)

The rain frustrated our plan of playing tennis.

(그 비는 테니스를 친다는 우리의 계획을 좌절시켰다.)

The rescue attempt was frustrated by bad weather.

(그 구조 시도는 악천후로 좌절되었다.)

We had no wish to frustrate the will of the Scottish people.

(스코틀랜드인의 의지를 방해할 의도는 없었다.)

The episode has frustrated police from the start.

The government has deliberately frustrated his efforts to gain work permits for his foreign staff.

◈ 그런데 annoying 은 형용사로 "짜증스러운"(=irritating)이란 뜻으로 쓰인다. annoying은 '어떤 대상이나 행위 등이 짜증스러운' 경우로 능동의 의미를 갖고 쓰 인다. 그렇지만 annoyed(짜증[화]이 난)는 '어떤 대상이나 행위 등 때문에 짜증이 나거나 약이 오른' 경우로 수동의 의미를 갖고 쓰인다.

The interruption is very annoying .

(이렇게 방해하는 건 정말 짜증스러워요.)

You must have found my attitude annoying.

(너는 내 태도가 신경에 거슬렸던 게 틀림없어.)

His refusal to discuss the matter is very annoying.

(그가 그 문제를 논의하기를 거부하는 것이 몹시 짜증스럽다.)

I like her, even though she can be annoying at times.
(난 그녀를 좋아해. 그녀가 가끔 짜증스러울 때도 있지만 말야.)
Her most annoying habit was eating with her mouth open.
(가장 짜증스러운 그녀의 버릇은 입을 안 다물고 뭘 먹는 것이었다.)
Some people seem to revel in annoying others.
The annoying thing about the scheme is that it's confusing.

◈ 사람이 보거나 읽는 그 무엇에 의해 정서적으로 충격을 받거나 또는 충격적인 경험을 하는 경우에는 형용사 disturbed/upset/distressed/offended를 쓰고, 그 무엇이 동작의 주체가 되는 경우에는 형용사 disturbing/upsetting/distressing/offensive를 쓴다.

▶ disturbed: disturbed는 "(특히 충격적인 경험으로 인해) 정신적 장애가 있는, 대단히 불행한, 매우 불안해하는"이란 뜻이다.

a special school for emotionally disturbed children(정서 장애 아동들을 위한 특수학교)
She awoke early after a disturbed night.
(그녀는 밤새 불면에 시달리다 일찍 잠이 깨었다.)
The killer had a disturbed family background.
(그 살인자는 가정환경이 대단히 불행했다.)
I was deeply disturbed and depressed by the news.
(나는 그 소식에 몹시 불안하고 우울했다.)
The murderer was apparently mentally disturbed.

▶ upset: upset는 "속상한, 마음이 상한"이란 뜻이다.

an upset stomach(배탈)

There's no point getting upset about it.

(그것 때문에 속상해 할 것 없어.)

In one example, a little boy had an upset stomach.

(예를 들자면 한 남자 아이가 배탈이 나서 병원에 온다.)

He was obviously upset and was driving erratically.

(그는 분명히 심사가 뒤틀린 모양으로 운전을 변덕스럽게 했다.)

They are terribly upset by the breakup of their parents' marriage.

❊ upset는 동사로 ① "속상하게 만들다[하다]"라는 뜻 이 외에 ② "(계획·상황 등이) 잘못되게[틀어지게] 만들다", ③ "(실수로) 넘어뜨리다[뒤엎다]"와 ④ upset sb's stomach로 쓰여 "배탈이 나게 하다"라는 뜻이다.

①의 예

It upsets me to think of her all alone in that big house.

(그녀가 그 큰 집에 아무도 없이 혼자 있다는 생각을 하면 내 마음이 안 좋다.)

It upset him that nobody had bothered to tell him about it.

(아무도 그것에 대해 자기에게 신경 써서 말을 해주지 않았다는 것이 그를 속상하게 했다.)

Don't upset yourself about it—let's just forget it ever happened.

(그것 때문에 속상해 하지 마. 그냥 그런 일이 있었다는 것도 잊어버리자.)

The decision is likely to upset a lot of people.

②의 예

The news upset the whole town.

(그 소식에 전 시내(全市內)는 혼란상태가 됐다.)

Bad weather can upset even the best-laid plans.

(날씨가 안 좋으면 아무리 잘 세운 계획도 잘못될 수 있다.)

He arrived an hour late and upset all our arrangements.

(그는 한 시간 늦게 도착해서 우리의 모든 준비[계획]가 틀어졌다.)

Political problems could upset agreements between Moscow and Kabul.

③의 예

Don't upset the piles of sheets under the box.

(그 상자 아래의 종이 더미들을 뒤엎지 마시오.)

She stood up suddenly, upsetting a glass of wine.

(그녀가 갑자기 일어서다가 포도주 잔을 넘어뜨렸다.)

Our dog upset the table, spilling food over the floor.

(우리 개가 탁자를 엎어 음식을 바닥에 쏟았다.)

The generals plotted to upset the government.

④의 예

I upset my stomach by eating too much.

(내가 폭식했더니 배가 아프다.)

That spicy food really upset my stomach.

(난 매운 음식을 먹으면 배가 아파.)

It had been the cause of much emotional upset.

(그것은 많은 정서적 혼란의 원인이 되었었다.)

He can't eat grapes—they upset his stomach.

❊ upset는 명사로 ① "(예기치 않은) 혼란 상황[문제/곤경]", ② "(경기 · 대회 등에서) 예상 밖의 승리[우승]", ③ "(배) 탈"과 ④ "속상함, 혼란"이란 뜻으로 쓰인다.

①의 예

And that wasn't even the biggest upset of the night.

(그리고 그것은 심지어 그날 밤 최대의 예기치 못한 반전이 아니었다.)

His health has not been improved by all the upset at home.

(그의 건강은 온갖 집안 문제로 나아지지가 않았다.)

The company has survived the recent upset in share prices.

(그 회사는 최근의 주가 혼란 상황을 무사히 넘겼다.)

Markets are very sensitive to any upsets in the Japanese machine.

②의 예

They nearly pulled off a shocking upset.

(그들은 놀라운 역전을 이뤄낼 뻔했다.)

It was one of the biggest upsets of the tournament.

(그것은 그 토너먼트에서 가장 큰 예상 밖의 승리 가운데 하나였다.)

It was a major upset when our local team beat the big league side.

(우리의 지방 팀이 빅리거 팀을 물리쳤을 쳤을 때 그것은 주요한 예상 밖의 승리였다.)

However, the Korean girls pulled off the upset victory

③의 예

a stomach upset(배탈)

I had really bad stomach upset last night.

(나는 어젯밤에 배탈이 심하게 났다.)

Paul was unwell last night with a stomach upset.

(폴은 지난밤 위장에 탈이 나서 상태가 좋지 않았다.)

Melanie's got a stomach upset so she won't be going to school today.

(멜라니는 배탈이 났다. 그래서 그녀는 오늘 학교에 갈 수 없을 것이다.)

It wasn't anything serious. A mild stomach upset, that's all.

④의 예

It had been the cause of much emotional upset.

(그것은 많은 정서적 혼란의 원인이 되었다.)

Constipation can be caused by all sorts of things, including emotional upset and stress.

(변비는 정서적인 혼란과 스트레스를 포함하여 모든 종류의 상황에서 야기될 수 있다.)

It's important to stay calm and not transmit your own emotional upset to your child.

(당신의 정서적 속상함을 아이에게 전가하지 않고 침착함을 유지하는 게 중요하다.)

Holding a secret that immense inside you causes great stress and emotional upset.

▶ distressed: distressed는 "(심리적으로) 괴로워[고통스러워] 하는"이란 뜻이다. 이 외에 distressed는 ① "(신체적으로) 아파[고통스러워]하는, 허약한"과 ② "(옷이나 가구가) 오래된[낡은] 것처럼 만든"이란 뜻으로도 쓰인다.

Don't make me distressed.

(골치 아프게 하지 마.)

I feel very alone and distressed about my problem.

(나는 대단히 고독하고 내가 가진 문제 때문에 괴롭다.)

He was too distressed and confused to answer their questions.

(그는 너무 괴롭고 당황하여 그들의 질문에 답을 하지 못했다.)

I really felt quite distressed at not receiving an invitation.

①의 예

He is distressed with pain.

(그가 아파서 고통을 겪고 있다.)

I knew she was distressed by her eyes.

(나는 그녀가 눈 때문에 고통 받은 걸 알고 있었다.)

When the baby was born, it was blue and distressed.

(그 아이가 태어났을 때 새파란 게 제대로 살 수 있을까 싶을 정도였다.)

The police said that they had received a phone call from a distressed woman claiming that she had been attacked.

②의 예

a distressed leather jacket(오래 입은 것 같은 느낌을 주도록 만든 가죽 재킷), distressed jeans(오래 입은 것 같은 느낌을 주는 면바지), distressed wooden benches(오래된 느낌을 주는 나무 벤치)

Wear your favourite distressed jeans with classic T-shirts.
(자네가 고전적인 티셔츠와 아주 좋아하는 낡은 것처럼 만든 면바지를 입어라.)
This is a distressed leather jacket which I bought yesterday.
(이것은 내가 어제 산 오래 된 것 같은 느낌을 주도록 만든 가죽 재킷이다.)
They wear military coats or distressed leather jackets, flight pants and rugby shirts.
(그들은 군용 외투 또는 오래된 것처럼 만든 가죽 자켓 그리고 플라이트 팬츠와 럭비셔츠를 입고 있다.)
The new, shredded look is actually an old one: frayed, torn, distressed jeans, just like the 1980s, but far more expensive this time around.

▶ offended : offended는 "기분이 상한, 불쾌한"이란 뜻이다.
Alice looked rather offended .
(앨리스는 꽤 기분이 상한 것 같았다.)
He didn't hide his offended feelings.
(그는 불쾌한 감정을 숨기지 않았다.)
He might have felt offended after she rejected him.
(그는 그녀에게서 청혼을 거절당한 후 불쾌했을 수도 있다.)
She is terribly offended, angered and hurt by this.

▷ disturbing : disturbing은 "충격적인, 불안감을 주는"이란 뜻이다.
a disturbing piece of news(충격적인 소식 한 가지)
The survey also revealed disturbing pessimism.
(조사는 또한 충격적인 비관론을 드러냈다.)

The newspaper has unearthed some disturbing facts.

(그 신문이 몇 가지 불편한 사실들을 밝혀냈다.)

He looked at her in a way she found oddly disturbing.

(그는 (그녀가 느낄 때) 이상하게 불편한 태도로 그녀를 보았다.)

Viewers are warmed that this documentary contains a number of violent scenes which they may find disturbing.

▷ upsetting: upsetting은 "속상하게 하는"이란 뜻이다.

an upsetting experience(속상하게 하는 경험)

And this can be very upsetting.

(그리고 이러한 행동에 매우 화가 납니다.)

Emotionally, it's been very upsetting to him.

(감정적으로 그에게 매우 속상했다.)

Their statements were quite horrific and upsetting.

(그들의 진술들은 꽤 끔직하고 기분 나빴다.)

Childhood illness can be upsetting for children and parents alike.

I will never see him again and that is a terribly upsetting thought.

▷ distressing: distressing는 "괴로움을 주는, 고통스러운"이란 뜻이다.

It was a most distressing time.

(그것은 굉장히 고통스러운 시간이었다.)

I have some extremely distressing news.

(나는 몇 가지 너무도 비통한 소식을 가지고 있다.)

She witnessed some very distressing scenes.

(그녀는 대단히 비참한 광경 일부를 목격했다.)

Tranquillizers help alleviate the distressing symptoms of anxiety.

▷ offensive: offensive는 “모욕적인, 불쾌한”이란 뜻이다.

offensive remarks(불쾌한 발언)

This poster is offensive and degrades women.

(이 포스터는 저속하고 여성을 비하한다.)

The program contains language which viewers may find offensive.

(본 프로에는 일부 시청자들이 불쾌해 할 수도 있는 언어가 들어 있습니다.)

His comments were deeply offensive to a large number of single mothers.

(그의 논평은 혼자 아이를 기르는 엄마들에게 대단히 모욕적이었다.)

Some friends of his found the play horribly offensive.

▶ offensive는 “모욕적인, 불쾌한”이란 뜻 이 외에 ① “(냄새 등이) 역겨운[극도로 불쾌한]”(=obnoxious), ② 명사 앞에서만 쓰여 “공격(용)의, 공격적인”과 ③ 미국 스포츠에서 쓰여 “공격의, 득점을 위한, 공격적인”이란 뜻도 있다.

①의 예

an offensive smell(역겨운 냄새)

Rotten fish smells offensive.

(썩은 생선에서는 불쾌한 냄새가 난다.)

Bad eggs have an offensive odor.

(상한 달걀은 역겨운 냄새가 난다.)

There’s an offensive smell coming from the garbage.

(쓰레기에서 불쾌한 냄새가 난다.)

We have complaints of offensive smells from two vans on the restaurant premises.

②의 예

an offensive war(공격적인 전쟁), offensive action(공격적인 행위)

I certainly rate him as an offensive man.

(나는 그를 확실하게 공격적인 사람으로 순위를 매긴다.)

He was charged with carrying an offensive weapon.

(그는 공격용 무기 소지 혐의를 받았다.)

The two countries made an offensive and defensive alliance.

(두 나라는 공수동맹을 맺었다.)

Doctor, can a sane man possibly perform offensive or foolish acts?

③의 예

offensive play(공격적인 경기)

Our team's offensive moves won the game.

(우리 팀이 적극적 공세로 경기에서 이겼다.)

He is an all-around offensive player on our team.

(그는 우리 팀의 전천후 공격수다.)

Jake made an offensive foul in the volleyball match.

(제이크는 배구 시합에서 공격자 반칙을 범했다.)

The worst-ever defeat of this team proved once again that Stanford can be one of the most explosive offensive teams in the country.

❇ offensive와 같은 뜻으로 쓰이지만 명사 앞에서만 쓰이는 offending (불쾌하게 하는, 문제가 되는)도 있다.

The offending paragraph was deleted.

(불쾌감을 줄 수 있는 그 단락은 삭제되었다.)

Why are we so frightened of offending ethnic minorities.
(왜 우리는 인종적인 소수를 불쾌하게 여김으로서 두려움에 떠는 것일까?)
The traffic jam soon cleared once the offending vehicle had been removed.
(문제의 그 차량이 치워지고 나자 교통 체증이 곧 풀렸다.)
The dentist commenced to dig, drill and finally the offending tooth

▶ 그리고 offending은 "불쾌하게 하는, 문제가 되는"이란 뜻 이 외에 "유죄인"이란 뜻으로도 쓰인다.
The offending driver received a large fine.
(유죄가 인정된 그 운전자는 무거운 벌금형을 받았다.)
Ms Mann is working with young offenders and trying to break cycles of offending.

❆ offensive는 명사 로 ① "(군사적) 공격"(=strike)과 ② "(어떤 일을 달성하기 위한 대대적인) 공세[운동]"(=campaign)이란 뜻으로도 쓰인다.

①의 예
an air offensive(공중 공격)
The 3rd Cavalry went on the offensive .
(제 심 기갑 부대가 공격했다.)
They launched the offensive on January 10.
(그들은 일 월 십 일에 공격을 개시했다.)

The last offensive drove thousands of people into Thailand.
(마지막 공격 때문에 수천 명의 사람들이 태국으로 가야 했다.)
They had been accused of atrocities during the offensive.

②의 예

a sales offensive(판매 공세)
The offensive ended with a cease-fire late last month.
(그 공세는 지난 달 말에 휴전으로 끝을 맺었다.)
The government has launched a new offensive against crime.
(정부에서 범죄를 막기 위한 새로운 공세에 들어갔다.)
The public seems unconvinced by their latest charm offensive.
(그들이 최근에 벌이는 애교 공세에 대중이 넘어가지 않는 것 같다.)
But instead of going on the offensive, he sits on his hands.

3 grave와 serious의 차이

grave는 형용사로 ① "(상황·감정 등이) 심각한"과 ② "(사람이 무슨 중대한 문제가 생긴 듯) 심각한"이란 뜻으로 쓰인다. serious는 ① "(나쁘거나 위험한 정도가) 심각한", ② "진지한[심각한](생각을 요하는)", ③ "만만찮은", ④ "(사람이) 진지한", ⑤ ~about sb/sth이나 ~about doing sth 형태로 쓰여 "진심인, 진지한, 농담이 아닌"과 ⑥ "(양이 많음을 강조하여) 정말 많은"이란 뜻으로 다양하게 쓰인다. grave는 '누군가의 삶이나 행복이 위험에 처해 있기 때문에 굉장히 심각하여 걱정하는' 경우에 많이 쓰이는데 비교적 격식을 차릴 때 쓰인다.

〈grave의 경우〉

①의 예

We were in grave danger.

(우리는 심각한 위험에 처해 있었다.)

The country's economy is now in grave peril.

(그 나라의 경제가 지금 중대 위험에 처해 있다.)

The country was passing through a grave crisis.

(그 나라는 중대한 위기를 겪고 있었다.)

There is grave concern for the safety of witnesses.

(증인들의 안전에 대해 심각한 우려가 있다.)

He said that the situation in his country is very grave.

(그는 자기 나라의 상황이 매우 심각하다고 말했다.)

The consequences will be very grave if nothing is done.

(아무런 조치를 취하지 않으면 그 결과가 몹시 심각해질 것이다.)

The police have expressed grave concern about the missing child's safety.

(경찰이 그 실종된 아이의 안전에 대해 심각한 우려를 표해 왔다.)

I have grave doubts that the documents tell the whole story.

The shortage of food and medical supplies is giving rise to grave concern.

The situation has become increasingly grave and war now seems inevitable.

②의 예

With a grave look, she began to speak.

(그녀는 심각한 표정으로 이야기를 시작했다.)

Her grave eyes were on her mother's face.

(그녀의 어머니의 얼굴에 그녀의 심상치 않은 눈빛이 드리웠다.)

I had grave misgivings about making the trip.

(나는 그 여행을 하는 데 대해 예사롭지 않은 불안감이 들었다.)

They walked into the room, looking very grave.

(그들은 침통한 얼굴을 하고서 방으로 들어왔다.)

He looked very grave when he entered the room.

(방으로 들어오는 그의 모습이 몹시 심각해 보였다.)

Anxiously, she examined his unusually grave face.

(걱정스럽게 그녀는 평소와 달리 심각한 그의 얼굴을 유심히 보았다.)

He looked once more at the grave face which bent over his.

(그는 그에게 몸을 굽힌 근엄한 얼굴을 다시 한 번 쳐다보았다.)

He suddenly fell grave.

He was looking correctly grave.

William was up on the roof for some time and when he came down he looked grave.

◈ grave가 명사로 ① "무덤, 묘, 산소"와 ② 보통 문예체로 "죽음, 사망"이란 뜻으로 쓰인다.

①의 예

We visited my Grandma's grave.

(우리는 할머니의 산소에 성묘를 했다.)

There were flowers on the grave.

(그 무덤에 꽃이 놓여 있었다.)

They used to visit her grave twice a year.

(그들은 일 년에 두 번 그녀의 묘를 찾곤 했다.)

His grave has become a place of pilgrimage.

(그의 무덤은 하나의 순례지가 되었다.)

They stood in silent homage around the grave.

(그들은 무덤가에 서서 묵념을 올렸다.)

The coffin was slowly lowered into the grave.

These words are carved on the stone beside his grave.

②의 예

He followed her to the grave.

(그는 아내가 사망한 후 곧 뒤따라 죽었다.)

Is there life beyond the grave?

(사후 세계가 있을까?)

The old man has one foot in the grave.

(그 노인은 다 죽어가고 있었다.)

She smoked herself into an early grave.

(그녀는 담배를 많이 피워 명을 재촉했다.)

Nobody could stop her from finding a watery grave.
아무도 그녀가 익사하는 걸 막을 수 없었다.)
Most men would rather go the grave than own up to feelings of dependency.

〈serious의 경우〉

①의 예

a serious illness/problem/offence(심각한 질병/문제/위법[위반] 행위),
to cause serious injury/damage(심각한 부상/손상을 입히다[끼치다])
The consequences could be serious.
(그 결과는 심각할 수도 있을 것이다.)
They pose serious threat to security.
(그들은 보안에 심각한 위협이 되고 있다.)
Smoking is a serious danger to health.
(흡연은 건강에 심각한 위협이 된다.)
Don't be flippant, damn it! This is serious.
(경솔하게 굴지 말란 말이야, 이 빌어먹을! 이건 심각한 일이라고.)
The United States is in a serious recession today.
(미국은 현재 심각한 경기 침체에 빠져 있다.)
She was involved in a serious car accident last week.
(그녀는 지난주에 심한 자동차 사고를 겪었다.)
Owen is a seven-year-old boy with a serious sickness.
(오웬은 7살 소년으로, 심각한 질병을 앓고 있다.)
Blackmail is a serious crime.
Doctor said his condition was serious but stable.
Crime is an increasingly serious problem in Russian society.

②의 예

a serious article(진지한[딱딱한] 글), a serious book with an occasional gleam of humour(간간이 유머가 번득이는 진지한 책), a serious newspaper(진지한 신문), only serious current affairs program on either channel.(양 방송국에서 유일하게 진지한 시사 프로그램)

I regard this as a serious matter.
(나는 이것이 중대한 문제라고 생각한다.)

Oh, please! You cannot be serious.
(에이, 설마! 너 진담으로 그러는 건 아니겠지.)

I'm sure she's a serious type of girl.
(나는 그녀가 진지한 유형의 여자라고 확신해.)

It wasn't serious - it was all done in fun.
(그것은 진지하게 한 일이 아니었다. 모두 장난으로 한 것이었다.)

I'm serious, things are difficult enough as they are.
(나는 심각하고, 문제는 있는 그대로 충분히 복잡하다.)

It was just a casual remark—I wasn't really serious.
(그건 그냥 무심코 한 말이었어. 정말 진심으로 한 말이 아니었어.)

It's time to give serious consideration to this matter.
(이 문제를 심각하게 고려해야 할 때이다.)

This is an extremely serious issue.

It was a question which deserved serious consideration.

My parents never really faced up to my drug use in any serious way.

③의 예

Losing weight is also serious business.

(살 빼기 경쟁 또한 만만치 않다.)

But for the batter, it was serious business.

(하지만 그 타자에게 그것은 만만찮은 경기였다.)

But your role in your new movie is quite serious.

(하지만 이번 영화에서는 아주 만만찮은 역할을 맡으셨네요.)

He is a serious contender for the party leadership.

(그는 당 대표직을 노리는 만만찮은 도전자이다.)

The team is a serious contender for the title this year.

(그 팀은 올해 선수권을 노리는 만만찮은 경쟁자이다.)

Nowhere is language a more serious issue than in Hawaii.

(하와이에서만큼 언어가 심각한 사안이 되는 곳도 없다.)

We need to get down to the serious business of working out costs.

(우리는 경비 산출이라는 만만찮은 업무에 착수해야 한다.)

Clearly the internet is serious business.

There is no point reviewing a blockbuster as you might review a serious novel.

Well, although the Phillies started off slowly this year, they developed into a serious contender for the National League.

④의 예

He put on a serious look.

(그는 진지한 얼굴을 하고 있었다.)

I don't like you when you're serious.

(자네가 진지할 때는 난 널 좋아하지 않아.)

I'm afraid I'm not a very serious person.
(난 별로 진지한 사람이 못되는 것 같다.)
Be serious for a moment; this is important.
(잠깐 좀 진지해 봐. 이건 중요하단 말야.)
He struck me as a very serious but friendly person.
(그는 매우 진지하지만 다정한 사람이라는 인상을 주었다.)
There was no doubt in his mind that the man was serious.
(그가 생각할 때 그 남자가 진지했다는 것은 의심의 여지가 없었다.)
All at once, Mick's serious expression softened into a grin.
(갑자기 믹의 심각한 표정이 부드러워지면서 환한 미소로 바뀌었다.)
He's quite a serious person.
Have I ever not been serious?
She looked at me with big, serious eyes.

⑤의 예

Believe me, I'm deadly serious.
(날 믿어. 난 더없이 진지해.)
Are you serious about filming us?
(자네 우리를 촬영하는 것이 진심이야?)
Don't laugh, it's a serious suggestion.
(웃지 마. 진심으로 제안하는 거야.)
I've never been more serious about anything.
(나는 예전에 이렇게 진지해 본 적은 없었어.)
Is she serious about wanting to sell the house?
(그녀가 그 집을 팔고 싶다는 게 진심인가요?)
I'm totally serious about sticking around this time.
(나는 이번에 머무르는 것에 대해 아주 진지해.)

He's really serious about Penny and wants to get engaged.
(그는 페니에 대해 정말 진심이고 약혼하고 싶어 한다.)
I'm very serious about what you asked for.
You really are serious about this, aren't you?
I'm pretty sure she's serious about staying here this time.

⑥의 예

Sims is a very serious worker.
(심스 씨는 아주 열심히 일해요.)
It involves a serious financial loss.
(그것은 재정상의 큰 손실이 된다.)
I'm ready to do some serious eating.
(난 정말 뭘 좀 많이 먹고 싶어[배가 고파].)
Serious damage was caused by the fire.
(화재로 큰 피해를 입었다.)
You can earn serious money doing that.
(그것을 하면 정말 많은 돈을 벌 수 있어.)
The wasteful use of resources is very serious.
(자원 낭비는 아주 많다.)
This put serious difficulties in the way of learning it.
(이것이 그것을 배우는 방식에 있어서 정말 많은 어려움을 주었다.)
The city suffered serious flood damage.
The physical damage of the war is serious.
He started earning serious money only in the sixties.

4 indoor와 indoors의 차이

indoor는 "실내의, 실내용의, 내부의"라는 뜻의 형용사로서 명사 앞에서만 쓰인다. 그런데 indoors는 "실내에서, 실내로, 집안에서"라는 뜻의 부사로 주로 동사를 꾸며준다.

〈indoor의 경우〉

an indoor swimming pool(실내 수영장), an indoor tennis court(실내 테니스장), indoor athletics(실내 육상경기), indoor games(실내 경기), the world indoor 200 metres champion(실내 이백 미터 달리기 세계 챔피언)

No smoking in any indoor facilities.
(모든 건물 실내에서는 금연.)

Indoor air has less oxygen than outdoor air.
(실내공기는 실외공기보다 산소가 부족하다.)

Is there an indoor tennis court in this camp?
(이 캠프 안에 실내 테니스장이 있습니까?)

Central heating is bad news for indoor plants.
(중앙난방은 실내 식물들에게는 좋지 않은 것이다.)

Some rich people have indoor swimming pools.
(일부 부자들은 실내 수영장을 가지고 있다.)

If the weather is wet or cold choose an indoor activity.
(비가 오거나 추우면 실내 활동을 선택하세요.)

The book gives handy hints on looking after indoor plants.
(그 책은 실내 식물들을 보살피는 데 유용한 사항들을 알려 준다.)

The book gives handy hints on looking after indoor plants.

Most of the houses in the capital don't have indoor plumbing.

Try to drink a lot of water and maintain proper indoor temperatures.

◈ indoor의 반대는 outdoor (옥외[야외]의, 야외의, 실외의, 집밖의)이다.

an outdoor swimming pool(옥외 수영장), outdoor clothing/activities (야외용 의류/야외 활동)

I'm not really the outdoor type.

(나는 야외 활동을 그렇게 좋아하지 않는다.)

The city is famed for its outdoor restaurants.

(그 도시는 노천 식당들로 유명하다.)

If you enjoy outdoor activities, this is the trip for you.

(당신이 야외 활동을 즐긴다면, 이것은 당신을 위한 여행입니다.)

During the storm, people should avoid outdoor activities.

(폭풍이 발생하면, 사람들은 야외 활동을 삼가 해야 한다.)

Mr. Mandela will attend an outdoor concert in his honor.

(만델라 씨는 자신을 위해 열리는 야외 음악회에 참가할 것이다.)

They both love outdoor pursuits.

I guess I never really thought about an outdoor wedding.

〈indoors의 경우〉

to go/stay indoors(실내로 가다/실내에 머무르다)

Many herbs can be grown indoors.

(많은 허브는 실내에서 기를 수 있다.)

I think perhaps we should go indoors.

(우리가 실내로 들어가는 것이 좋을 것 같다.)

The children quickly got bored with staying indoors.

(아이들은 실내에 있는 것에 금방 지루해졌다.)

In view of the weather, the event will now be held indoors.

(날씨를 고려하여 이제 그 행사는 실내에서 열릴 것이다.)

Cool summer dance sounds are drifting from the stereo indoors.

(실내 스테레오에서 멋진 여름 무곡이 들려온다.)

Stay indoors in the middle of the day, when the sun is strongest.

(한낮에는 햇살이 가장 강하므로 (밖에 나가지 말고) 실내에 있어라.)

Warnings were issued to people living downwind of the fire to stay indoors.

(그 화재가 바람을 타고 번져 가는 쪽에 사는 사람들에게 집 밖에 나오지 말라는 경고 가 발령되었다.)

I don't like spending the whold day indoors.

I'm the type of man who believes rainy days should be spent indoors.

You had better go for a short walk instead of staying indoors on such a fine day.

◈ indoors의 반대는 outdoors(옥외[야외]에서, 야외에서)이다.

Sow the seeds outdoors in spring.

(그 씨를 봄에 집 밖에다 뿌려라.)

The rain prevented them from eating outdoors.

(비 때문에 그들은 야외에서 식사를 하지 못했다.)

My family often enjoys the nice weather outdoors.

(가끔 우리 가족은 야외에서 좋은 날씨를 즐겨.)

Hypothermia is common among tramps sleeping outdoors.

(저체온증이 밖에서 자는 부랑자 사이에 흔하게 나타난다.)

They tend to spend more time outdoors and get plenty of exercise.

(밖에서 더 많은 시간을 보내며 더 많은 운동을 하는 경향이 있다.)

Wear long sleeved shirts and long pants especially when you are outdoors.

In one experiment, 12 volunteers wore the device while they ran outdoors.

▶ outdoors는 명사인 the outdoors((도시를 벗어난) 전원[야외])로도 쓰인다.

They both have a love of the outdoors.

(그들은 두 사람 다 전원에 대한 애정이 있다.)

Come to Canada and enjoy the great outdoors.

(캐나다로 오셔서 멋진 전원을 즐기세요.)

My family often enjoys the nice weather outdoors.

(종종 우리 가족은 야외에서 좋은 날씨를 즐겨.)

Good snacks for the outdoors include fruit, crackers, chocolate bars and bread.

(야외에서 먹기 좋은 간식거리는 과일과 과자, 초콜릿 바와 빵이에요.)

This summer, more and more people are enjoying the outdoors through camping.

(올해 여름에는 캠핑을 하며 야외에서 즐기는 사람들이 늘어나고 있다.)

He was a man who loved the outdoors and bowling.

Life in the great outdoors isn't supposed to be luxurious.

5 industrial과 industrious의 차이

industrial은 ① "산업[공업]의", ② "공업용의"와 ③ "산업[공업] 시설이 많은"이란 뜻으로 쓰인다. industrious는 "근면한, 부지런한"(=hard-working)이란 뜻으로 쓰인다. industrial 은 '주요한 산업[공업]을 갖고 있거나 연관된' 경우에 쓰이고, industrious 는 '근면하거나 열심히 일을 하는' 경우에 쓰인다.

〈industrial 의 경우〉

①의 예

industrial output(산업 생산), industrial unrest(산업 불안)

They had made industrial quantities of food.

(그들은 많은 식량을 생산해 냈었다.)

Industrial production is beginning to pick up.

(산업 생산이 호전되기 시작하고 있다.)

This chemical has a wide range of industrial uses.

(이 화학 물질은 산업적인 용도가 아주 다양하다.)

His case comes before an industrial tribunal in March.

(그의 사건은 3월에 산업 특별 위원회에 제기된다.)

These measures would make a valuable contribution towards reducing industrial accidents.

(이 조치들이 산업 재해를 줄이는 데 귀중한 기여를 할 수도 있다.)

The economy has been hit by a series of industrial disputes.

As a result, we are faced with an enormous threat of industrial unrest.

②의 예

Crude oil and industrial metals also declined.

(원유와 공업용 금속들 또한 감소했다.)

She may call it research; I call it industrial espionage.

(그녀는 그것을 연구 조사라고 부를지 모르겠지만 나는 그것을 산업 스파이 행위라고 부르겠다.)

The company is credited with inventing the industrial robot.

(그 회사가 산업용 로봇을 발명한 공이 있는 것으로 여겨진다.)

The government has pledged to clean up industrial emissions.

(정부가 산업용 배기가스 정화를 약속했다.)

They include agricultural and industrial chemicals, harmful bacteria and drugs used to treat animals.

(농업 및 공업용 화학물질 그리고 유해한 박테리아 또는 동물들을 치료할 때 사용하는 약 등이 이에 속합니다.)

Industrial waste water is polluting our rivers.

The government says China's major rivers are badly polluted with such industrial chemicals.

③의 예

the world's leading industrial nations(세계 주요 공업국들)

It's moved to an industrial estate downtown.

(도심 공업단지로 이전했어요.)

There are plenty of small industrial enterprises.

(규모가 작은 산업체들이 많이 있다.)

Along the coast, an industrial fringe had already developed.

(그 해안선을 따라 띠 모양으로 이미 산업지역이 개발되어 있었다.)

The areas under occupation contained major industrial areas.

(점령된 지역들에는 주요 산업 지역들이 들어가 있었다.)

In some small industrial towns, half of the work force is jobless.
(어떤 중소 산업 도시들에서는 노동력의 절반이 일자리를 잃은 상태다.)
We visited some of the country's main industrial areas.
Such businesses have become a feature of British industrial society.

◈ industrial의 동사는 industrialize(산업[공업]화 하다[되다])이다.
It was the first country to industrialize.
(그 나라가 산업화된 최초의 나라였다.)
Energy consumption rises as countries industrialize.
(나라가 산업화될수록 에너지 소비는 늘어난다.)
The southern part of the country was slow to industrialize.
(그 나라의 남부 지역은 산업화가 느렸다.)
Basically, anything that has not been industrialized.

〈industrious의 경우〉
an industrious student(근면한 학생)
If you are industrious you can finish the job before dark.
(부지런히 일하면 어두워지기 전에 그 일을 끝낼 수 있다.)
He was honest, and faithful, and industrious, and economical.
(그는 정직하고, 성실하며, 부지런했고, 경제적이었다.)
Up until now you have had an outstanding character and led an industrious life.
(지금까지 당신은 출중한 사람이었으며 부지런한 삶을 살았다.)
China is an important country with a long history and a proud and industrious people.
(중국은 유구한 역사와 자부심 강하고 근면한 국민을 가진 중요한 나라다.)

He was a man of unusually conscientious, industrious and orderly mind, with l ittle imagination.
(그는 이례적으로 양심적이고, 부지런하며, 질서정연한 마음에, 상상력은 별로 없는 사람이었다.)
She was an industrious and willing worker.
Neil is indeed a quiet student, but you won't find anyone more industrious.

6 severe와 strict의 차이

severe는 ① "극심한, 심각한", ② "(처벌이) 가혹한[혹독한]"(=harsh), ③ "엄한, 엄격한"(=stern), ④ "(많은 기술·능력을 요하는) 아주 힘든[어려운]"과 ⑤ "(지나치게 장식이 없고) 수수한[평범한]"이란 뜻으로 쓰인다.

strict는 ① "(규칙 등이) 엄격한[엄한], ② "(사람이 남에 대해) 엄격한[엄한], ③"(사람이 자신의 종교·신념 등에 대해) 엄격한"(=stiff)과 ④ 주로 명사 앞에 쓰여 "엄밀한"이란 뜻으로 쓰인다.

severe와 strict의 여러 가지 뜻 가운데 '엄격한, 엄한'이란 뜻 때문에 두 낱말을 이해하는데 있어서 어려움이 뒤따른다. severe 는 '친절하지 않거나 우호적이지 않거나 유머나 동정심을 나타내지 않는' 경우에 쓰인다. strict 는 '규칙이나 법률에 항상 따라야 하는 것을 요구하는' 경우에 쓰인다.

〈severe 의 경우〉

①의 예

a business with severe cash flow problems(심각한 현금 유동성 문제를 안고 있는 기업), a severe handicap(극심한 장애), a severe shortage of qualified staff(극심한 유자격 직원 부족), severe weather conditions(심각한 기상 조건[악천후]),

His injuries are severe .

(그의 부상은 심각하다.)

In a severe gale the ship split in two.

(모진 폭풍 속에서 그 배가 두 동강이 났다.)

The patient suffered severe brain trauma.

(그 환자는 심각한 뇌 손상을 입었다.)

Severe brain damage turned him into a vegetable.

(심한 두뇌 손상은 그를 식물인간으로 만들어 놓았다.)

Moving house put a severe strain on our finances.

(집을 옮기느라 우리 집 재정에 부담이 막심했다.)

The party suffered severe losses during the last election.

(그 정당은 지난번 선거에서 극심한 손실을 보았다.)

Her resignation will be a severe embarrassment to the party.

(그녀의 사임으로 그 당은 몹시 곤란해질 것이다.)

I suffered from severe bouts of depression.

Shortages of professional staff are very severe in some places.

Steve passed out on the floor and woke up blinded and in severe pain.

②의 예

* 이런 쓰임새는 벌이나 비판이나 손상 등을 언급할 때 주로 쓰이는데, severe on/with sb의 형태로 쓰인다.

a severe punishment/sentence(가혹한 처벌/중형(重刑))

The penalty was severe but exemplary.

(그 벌은 가혹했지만 징계의 본보기가 되었다.)

Nature often exacts a severe retribution.

(자연은 왕왕히 준엄한 보복을 단행하다.)

No punishment is too severe for his crime.

(그의 죄는 아무리 엄벌에 처하더라도 너무 과중하다고는 할 수 없다.)

Severe penalties were meted out by the court.

(무거운 벌금형이 법원에 의해 부과되었다.)

Those who fail to register risk severe penalties.

(등록을 못한 사람들은 엄중한 처벌을 받을 위험이 있다.)

The courts are becoming more severe on young offenders.

(법원이 어린 범법자들에게 더 가혹해지고 있다.)

The laws were strictly enforced, and punishment was severe.
(그 법은 절대적으로 강요적이었고, 처벌은 가혹했다.)
This non-intervention policy has attracted severe criticism.
This was a dreadful crime and a severe sentence is necessary.
Driving while drunk could endanger other people's lives, so penalties are severe.

* 그런데 항상 반드시 따라야 하는 규칙이나 법률을 말하기 위해서는 strict를 쓴다.
I make it a strict rule to follow principles.
(나는 원칙은 철저히 지킨다.)
Besides the poverty, people are also tired of the strict rules.
(빈곤한 문제 말고도, 사람들은 엄격한 규율에도 싫증이 났습니다.)
He has made it a strict rule for himself to save at least half of his paycheck.
(그는 적어도 월급의 절반은 저축하는 것을 철칙으로 삼고 있다.)
People were generally evil, but by strict rules and laws people could improve.

Does a stricter law solve any problem?
(더 강한 법이 어떠한 문제를 해결할 수 있을까요?)
Japan implemented a strict law to ban human cloning last June.
(일본은 지난 육 월 인간복제를 금지한다는 엄한 법안을 실행시켰다.)
The government is bringing in stricter laws to deter drunken drivers.
(정부는 음주운전자들을 근절시키기 위한 보다 강력한 법안을 제출할 예정이다.)

The deer and other animals in the park are protected by strict laws.

③의 예

a severe expression(엄한 표정)

That teacher is severe with his pupils.

(저 선생님은 학생에게 엄하다.)

She was a severe woman who seldom smiled.

(그녀는 거의 웃는 법이 없는 엄격한 여자였다.)

He looked at me with a cold, severe expression.

(그는 차갑고 엄한 표정을 지으며 나를 처다 보았다.)

Those severe constraints are hemming in the service.

(그러한 엄격한 제약들은 서비스를 펼치지 못하게 한다.)

Laura's teacher is so severe that she' s afraid of him.

(로라의 선생님은 너무 엄해서 그 애는 선생님을 무서워한다.)

The courts are becoming more severe on young offenders.

(법원이 어린 범법자들에게 더 가혹해지고 있다.)

The government must take a severe measure against pollution.

(정부는 공해를 방지할 수 있는 엄격한 조치를 취해야 한다.)

He was prescribed a severe regimen.

He was severe, formidable and formal.

Cameron's angry voice and severe expression used to frighten the children.

④의 예

The marathon is a severe test of stamina.

(마라톤은 아주 힘든 체력 테스트이다.)

This will be a severe test of our strength.

(이것은 우리의 힘든 강인함 테스트가 될 것이다.)

Competition for places at the school is very severe.

⑤의 예

Her hair was short and severe .

(그녀의 머리는 짧고 평범했다.)

She is a woman with a severe classical face.

(그녀는 아주 수수한 얼굴을 한 여자이다.)

She wears her felt hats and severe grey suits.

(그녀는 펠트 모자를 쓰고 있고 수수한 회색 정장을 입고 있다.)

Modern furniture is a little too severe for my taste.

(현대 가구는 내 취향에는 좀 너무 수수하다.)

She wore a severe black dress, and plain black shoes.

(그녀는 검정색 수수한 드레스를 입고 있고 그리고 검정색 소박한 신발을 신고 있었다.)

The cushions add a touch of colour in a room that might otherwise look severe.

〈strict 의 경우〉

①의 예

strict rules/regulations/discipline(엄격한 규칙/규정/규율)

She's on a very strict diet.

(그녀는 아주 엄격한 다이어트 중이다.)

He told me in the strictest confidence.

(그는 엄격히[절대적으로] 비밀로 하고 내게 말을 해 주었다.)

Congress can impose strict conditions on the bank.

(의회가 그 은행에 엄격한 조건을 부과할 수 있다.)

Strict security measures are in force in the capital.

(수도에서는 엄중한 보안 조처가 실시되고 있다.)

Discipline in the company was strict and no one shirked.

(그 회사는 내부 규율이 엄격하여 아무도 태만할 수가 없었다.)

For ten months he adhered to a strict no-fat low-salt diet.

(십개 월 동안 그는 엄격한 무지방 저염 식단을 충실히 지켰다.)

She left strict instructions that she was not to be disturbed.

(그녀는 자기를 방해하지 말라는 엄한 지시를 남겼다.)

French privacy is very strict.

The company is very strict about employees getting to work on time.

The officials had issued strict instructions that we were not to get out of the jeep.

②의 예

a strict teacher/parent/disciplinarian(엄격한 교사/ 부모(가운데 한 사람)/규율 담당자)

My parents were very strict.

(우리 부모님은 매우 엄하셨다.)

He was very strict and hardly smiled.

(그는 매우 엄격했고 거의 웃지 않았어.)

Victoria and I are quite strict with them.

(빅토리아와 나는 그들에게 꽤 엄격하다.)

Is he a nice teacher, or a strict teacher?
(그는 좋은 선생님이니, 아니면 엄격한 선생님이니?)
She admits to being strict with her children.
(그녀는 자신이 자녀들에게 엄격하다는 것을 인정한다.)
She's very strict about things like homework.
(그녀는 숙제와 같은 것에 대해 아주 엄격하다.)
They were always very strict with their children.
(그들은 자녀들에게 항상 아주 엄했다.)
However, in my memory, my mother was stricter than my father.
Teachers have to be strict or the children take advantage of them.
My father is considerate to other people but very strict to his family.

③의 예

a strict Muslim(엄격한 이슬람교도), a strict vegetarian(엄격한 채식주의자)
She's a very strict disciplinarian.
(그녀는 대단히 엄격한 규율주의자이다.)
They fast on the Sabbath and are strict vegans.
(그들은 안식일에 금식을 하고 그들은 철저한 채식주의자들이다.)
Millions of Americans are now strict vegetarians.
(수백만의 미국인들은 지금 엄격한 채식주의자들이다.)
The Puritans were very strict with their punishments.
(청교도들의 처벌들은 매우 엄격하였다.)
He later rebelled against his strict religious upbringing.
(그는 나중에 엄격한 종교적 가정교육에 반항했다.)
A woman changed from a strict Christian to a Muslim.
(한 여성이 엄격한 기독교도에서 이슬람교도로 전환했다.)

I cannot agree with all the (strict Muslim) traditions and the culture.
(나는 엄격한 모든 이슬람교도 전통과 문화에 동의할 수 없다.)
He was a strict, old-school Freudian.
Four million Britons are now strict vegetarians.
She was a very strict Christian who was married to her job.

④의 예
a strict search(엄밀한 조사), a strict statement of facts(사실의 정확한 진술), in the strict(est) sense (of the word)(엄밀히 말하면), strict construction((헌법에 대한) 엄밀한 해석)
I'm not a vegetarian in the strictest sense.
(엄밀한 의미에서 나는 채식주의자는 아니다.)
He demanded a strict statement of the facts.
(그는 그 사실에 대한 정확한 진술을 요구했다.)
A strict search is being made for the offender.
(범인에 대해 엄밀한 조사가 이루어지는 중이다.)
It wasn't illegal in the strict sense of the word.
(그것은 엄밀히 말하면 불법적이 아니었다.)
In the strict sense of the term, this is a vital question.
(엄밀히 말하자면, 이건 필수적인 질문이에요.)
In the strict sense, Christians mean both protestants and Catholics.
(엄밀하게 말하자면 기독교인은 개신교 신자와 가톨릭 신자 둘 다 의미한다.)

When the president talks about strict construction, everyone knows what he's talking about.
(회장이 엄밀한 해석에 관해 이야기를 할 때 모든 사람들은 그가 이야기하고 있는 내용을 알고 있다.)
Massive dynamic has strict testing protocols.
He's not in the strictest sense of the word a doctor.
It's not quite peace in the strictest sense of the word, rather the absence of war.

익힘문제

* 다음 글에서 틀린 부분이 있으면 고쳐 쓰세요.

1. I don't have any grave problems.

2. The South has fewer industrious areas.

3. As it was raining we decided to stay indoor.

4. Some people are annoyed by these violent films.

5. I felt terribly annoyed with his lack of sensitivity.

6. The noise of the traffic outside all day annoys me.

7. Their new house even has an indoors swimming pool.

8. There are severe rules as to what you can wear to school.

9. The kitchen is very ample and has a window overlooking the garden.

10. My parents weren't at all severe with me. In fact, I was allowed to do what I liked.

ANSWERS

1. I don t have any serious problems.
2. The South has fewer industrial areas.
3. As it was raining we decided to stay indoors.
4. Some people are disturbed by these violent films. 또는 Some people find these violent films disturbing.
5. I felt terribly annoyed at his lack of sensitivity.
6. The noise of the traffic outside all day irritates me.
7. Their new house even has an indoor swimming pool.
8. There are strict rules as to what you can wear to school.
9. The kitchen is very spacious and has a window overlooking the garden.
10. My parents weren t at all strict with me. In fact, I was allowed to do what I liked.

PART 5

부사

1 almost의 쓰임새

2 utterly의 쓰임새

1 almost의 쓰임새

almost는 "거의"라는 뜻이다. almost는 '어떤 것이 일어나지 않을 가능성이 커지만 실제로 일어날 때 부정을 나타내는 동사와 함께' 쓰이는 경우가 많다. 그리고 almost는 꾸미고자 하는 낱말 바로 앞에 놓인다.

〈almost의 경우〉

It's almost time to go.
(거의 갈 시간이 되었다.)
They'll eat almost anything.
(그들은 거의 아무것이나 먹을 것이다.)
He slipped and almost fell.
(그는 미끄러져 거의 넘어질 뻔했다.)
Almost no one believed him.
(거의 아무도 그를 믿지 않았다.)
The house is almost opposite ours.
(그들의 집은 우리 집 거의 맞은편이다.)
The story is almost certainly false.
(그 이야기는 거의 틀림없이 사실이 아니다.)
I was almost blown over by the wind.
(난 바람에 거의 날아갈 뻔 했다.)
It's a mistake they almost always make.
(그것을 그들이 거의 항상 범하는 실수이다.)
It would almost certainly mean the end of NATO.
(그것은 거의 확실하게 나토의 해체로 이어질 것이다.)
He swept into the lead with an almost perfect performance.
(그는 거의 완벽한 기량 발휘[연기]로 거뜬히 선두[주연] 자리에 올랐다.)

Without treatment, she will almost certainly die.

I was feeling so tired that I almost didn't come.

A car stood double-parked almost in the middle of the road.

The traffic was so heavy that she almost didn't get here in time.

◈ almost가 숫자 앞에 쓰이는 경우에는 about, around와 같이 "거의, 대략, 약, …가까이, …쯤"으로 옮겨질 수 있다.

The total budget went up almost $300 million.
(총 예산은 거의 3억 달러 규모로 증가되었다.)
The couple had been dating for almost three years.
(그 둘은 거의 3년 동안 사귀어 왔었다.)
The bank has a share capital of almost 100 million dollars.
(그 은행은 자본금이 거의 1억 달러에 달한다.)
She has lived alone in this house for almost five years now.
(그녀는 이 집에서 이제까지 거의 오 년 동안 홀로 살아왔다.)
There were almost[nearly] a hundred cars in the parking lot.
(주차장에는 거의 백 대의 차가 있었다.)
He was working in Hungary for almost ten years.
It's almost five degrees higher than average here in Alaska.

◈ almost no/nobody/never등으로 쓰지 않고 hardly any/anybody/ever 등으로 쓴다. 이 경우 hardly는 "거의 ...아니다[없다]"라는 뜻이다.

There's hardly any tea left.
(차가 남아 있는 것이 거의 없다.)

She spent hardly any of the money.
(그녀는 그 돈을 거의 하나도 쓰지 않았다.)
It was so early that there was hardly any traffic.

She hardly ever calls me.
(그녀는 생전 가야 내게 전화를 거의 안 한다.)
I hardly ever go to concerts.
(나는 콘서트에는 거의 안 간다.)
I hardly ever go to the cinema nowadays.

Hardly anyone has bothered to reply.
(거의 아무도 굳이 대꾸를 하려 들지 않았다.)
Hardly anyone writes to me these days.
(요즈음 나에게 편지를 보내는 사람은 거의 없다.)
It's astonishing, but hardly anyone is still doing it.

Hardly anybody knows of its actual size or its origin.)
(거의 아무도 그것의 실제 크기 또는 기원을 모른다.)
Hardly anybody above the poorer classes wears ready-made clothes in England.
(영국에서는 식민계급 이상인 자는 거의 기성복을 입지 않는다.)
The whole list of things that were on there, hardly anybody answered.

▶ hardly 가 "거의 ...하지 않는다"의 뜻으로 많이 쓰인다.

We hardly know each other.

(우리는 서로 거의 잘 모른다.)

I've hardly slept in three days.

(나는 삼 일 동안 거의 잠을 자지 못했다.)

Sometimes I hardly dare open my mouth.

(나는 가끔 입을 열 엄두조차 내지 못한다.)

I hardly slept at all and felt pretty awful.

(나는 거의 잠을 못 자서 몸이 찌뿌드드했다.)

I need hardly tell you that the work is dangerous.

(그 일이 위험하다는 것은 내가 거의 말할 필요가 없을 것이다.)

The air was so cold we could hardly breathe.

I was so confused that I could hardly compose my thoughts.

I should hardly tell him generous.

(나는 그를 관대하다고 말할 수는 없을 것 같다.)

It's hardly the time to discuss it now.

(지금은 그 문제를 논의할 때가 결코 아닌 것 같다.)

He is hardly likely to admit he was wrong.

(그가 자신이 틀렸음을 전혀 인정할 것 같지가 않다.)

They might refuse to let us do it, but it's hardly likely.

(그들이 우리가 그걸 하는 것을 거부할지도 모르지만 그럴 공산은 거의 없다.)

Bethan's round, rosy face seemed hardly to have aged at all.

(베단의 둥글고 혈색 좋은 얼굴은 전혀 나이가 든 것 같지 않았다.)

The affair hardly reflected well on the president.

I need hardly tell you that the work is dangerous.

▶ hardly가 “거의 ...할 수가 없다[...하기가 무척 어렵다], 거의 ...하지 않는다”의 뜻으로 쓰이는 경우에는 can 또는 could와 주동사 사이에 쓰인다.

I can hardly believe it.

(난 그것을 거의 믿을 수 없다.)

I can hardly keep my eyes open.

(나는 (너무 졸려서) 눈을 제대로 뜨고 있을 수가 없다.)

I can hardly wait for my birthday.

(나는 생일이 빨리 되었으면 좋겠다.)

You can hardly expect her to do it for free.

(그녀가 공짜로 그것을 해 주리라고는 당신은 결코 기대할 수 없을 것 같다.)

You can hardly move in this pub on Saturdays.

(이 퍼브에서는 토요일이면 (너무 붐벼서) 몸을 움직이기도 힘들 정도이다.)

I can hardly hear myself think.

I'm so numbed with shock that I can hardly think.

The air was so cold we could hardly breathe.

(공기가 너무 차서 우리는 숨을 쉬기도 어려웠다.)

I could hardly believe it when I read the letter.

(그 편지를 읽었을 때 나는 그것이 거의 믿어지지가 않았다.)

I could hardly believe my luck when he said yes.

(그가 그러겠다고 말했을 때 난 나의 행운을 믿기가 어려웠다.)

She spoke so quietly (that) I could hardly hear her.

(그녀가 말을 너무 조용히 해서 난 그녀의 말이 거의 들리지 않았다.)

I could hardly wait for “Boys' Life” to appear each month.

(나는 매달 『보이즈 라이프』 발행을 손꼽아 기다린다.)

She was so tired that she could hardly keep her eyes open.
I was so confused that I could hardly compose my thoughts.

▶ hardly가 "막 (...하기 시작한) ...하자마자"라는 뜻으로도 쓰인다.

Hardly had we arrived than the problems started.
(우리가 도착하자마자 그 문제들이 발생했다.)
We can't stop for coffee now, we've hardly started.
(우리는 지금 커피를 마시려고 쉴 수 없어. 우리가 이제 막 일을 시작했잖아.)
He had hardly left home when it began to rain hard.
(그가 집을 나서기가 무섭게 비가 거세게 내리기 시작했다.)
We had hardly sat down to supper when the phone rang.
(우리가 저녁을 먹으려고 자리에 앉자마자 전화벨이 울렸다.)
She had hardly come home before she started to complain.
(그녀는 집에 돌아오자마자 불평을 늘어놓기 시작했다.)
I had hardly spoken to him before he was gone.
He had hardly collected the papers on his desk when the door burst open.

* hardly가 글의 맨 앞에 오는 경우에는 주어와 동사의 순서가 바뀐다.

Hardly had he seen me before he ran away.
(그가 나를 보자마자 그는 달아나 버렸다.)
Hardly had she spoken than she regretted it bitterly.
(그녀는 말을 시작하자마자 그것을 크게 후회했다.)
Hardly had I walked in the door than the phone rang.
(내가 문으로 들어서기가 무섭게 전화벨이 울렸다.)

Hardly had he come home than she started complaining.
(그가 귀가하자마자 그녀는 바가지를 긁기 시작했다.)
Hardly had he gone before they began to speak ill of him.
(그가 가자마자 그들은 그를 욕하기 시작했다.)
Hardly had we started when it began to rain.
Hardly had he returned to London than an anonymous well-wisher called to say he was about to be raided by Customs & Excise.

2 utterly의 쓰임새

utterly는 "(강조의 의미로) 완전히[순전히], 아주, 전혀"라는 뜻으로 쓰인다. utterly는 부정적인 의미를 갖고 있거나 absurd, impossible, irrelevant, ridiculous, useless나 wrong 등과 같은 형용사나 amazed, confused, dejected나 ruined와 같은 형용사적 분사나 destroy, detest나 reject 등과 같은 동사와 같이 강한 반감이나 못마땅함을 나타내기 위한 낱말과 함께 보통 쓰인다.

They were utterly unfit to govern.
(그들은 통치를 하기에는 완전히 부적합했다.)
She utterly failed to convince them.
(그녀는 그들을 납득시키는 데 완전히 실패했다.)
He was utterly bereft when his wife died.
(아내가 죽었을 때 그는 완전히 상실감에 빠졌다.)
We're so utterly different from each other.
(우리는 서로 그야말로 완전히 다르다.)
This was utterly beyond her comprehension.
(이것은 완전히 그녀의 이해력을 넘어서는 것이었다.)
I am utterly opposed to any form of terrorism.
(난 어떤 형식의 폭력주의든지 전적으로 반대한다.)
Their life seemed utterly distant from his own.
(그들의 삶은 그 자신의 삶과는 전혀 동떨어진 것 같았다.)
The place seemed to be utterly bereft of human life.
(그곳에서는 인간의 삶의 흔적을 전혀 찾을 수 없었다.)
The way she behaved towards him was utterly ruthless.
(그에 대한 그녀의 행동 방식은 그야말로 가차 없었다.)
Tom was utterly indiscreet, and could never keep a secret.
(탐은 너무나 분별이 없었고 비밀을 절대로 지키지 못했다.)

I am utterly opposed to any form of terrorism.

It was utterly dark in the abyss before my feet.

The current situation is far from simple, it's even utterly confusing.

The way the scientists work is utterly focused on facts and accuracy.

He is utterly useless.

(그는 하등의 도움이 안 된다.)

Reading and writing is utterly useless.

(읽기와 쓰기는 완전히 쓸모가 없다.)

This new tin opener is utterly useless.

This is, of course, utterly absurd.

(물론 이것은 완전히 터무니 없다.)

I think that that is utterly absurd.

(내 생각에 그건 참으로 어처구니 없는 일이다.)

The whole idea is utterly absurd.

This whole thing is utterly ridiculous.

(이 모든 것은 완전히 터무니가 없다.)

The new laws coming in are utterly ridiculous.

(시행되는 신규 법안은 전적으로 터무니없는 것이다.)

That is an utterly ridiculous assumption.

I am utterly amazed at the looniness of people like this.

(나는 이와 같은 사람들의 기이함에 완전히 놀랐다.)

Some people have such a lack of responsibility and care—I find utterly amazing.

(몇몇 사람들은 책임감과 배려가 전혀 없고 난 이것이 아주 놀랍다.)

It is fantastic and utterly amazing, stunning is the only word to describe it.

We utterly reject the joint resolution.

(우리는 완전히 공동 결의안을 거부합니다.)

He utterly rejected the rumor as nothing even close to the truth.

(그는 그 소문이 전혀 사실이 아니라며 일축했다.)

So I utterly reject what has been said.

The country has obviously been utterly ruined.

(그 나라는 분명히 완전히 폐허가 되었다.)

Reputations built up over a lifetime utterly ruined.

(평생 동안 쌓아 온 평판이 완전히 무너졌다.)

The lives of her family have been utterly ruined by what you did.

The building was utterly destroyed because it was bombed.

(그 건물은 폭격을 받아서 완전히 파괴되었다.)

Let us make the best of this and resign before we are utterly destroyed.

(이 정도면 됐으니 전멸하기 전에 항복합시다.)

The entire building was utterly destroyed.

I utterly detest every minute I spend doing housework.

(내가 집안일을 하면서 보낸 모든 시간을 완전히 몹시 싫어한다.)

Salmond is someone I utterly detest as he takes arrogance to new levels.
(샐몬드는 새로운 수준에 대해 오만하기 때문에 내가 완전히 혐오하는 어떤 사람이다.)
Tory revenge on the Scottish people and on Scottish local government, which the Government clearly utterly detest.

익힘문제

＊ 다음 글에서 틀린 부분이 있으면 고쳐 쓰세요.

1. She almost couldn't breathe.

2. I utterly hope you won't be angry with me.

3. I almost have forgotten what she looks like.

4. The human race could be almost extinguished.

5. Outside Japan, almost nobody speaks Japanese.

6. My job takes me almost to every part of the world.

7. I have to make sure that our customers are utterly satisfied.

＊ 다음 영문을 한글로 옮기시오.

8. He is utterly unpredictable.

9. As a rule, hardly anybody uses this road.

10. Hardly had he come home than she started complaining.

ANSWERS

1. She could hardly breathe.
2. I sincerely hope you won t be angry with me.
3. I have almost forgotten what she looks like.
4. The human race could be utterly extinguished.
5. Outside Japan, hardly anybody speaks Japanese.
6. My job takes me to almost every part of the world.
7. I have to make sure that our customers are completely satisfied.
8. 그는 정말로 예측할 수 없는 사람이다.
9. 일반적으로 아무도 이 길을 이용하지 않는다.
10. 그가 귀가하자마자 그녀는 바가지를 긁기 시작했다.

PART 6

기타

1 first. first of all, at first와 in/at the beginning의 차이

2 주어가 생명체가 아닌 경우의 쓰임새

1 first. first of all, at first와 in/at the beginning의 차이

first는 한정사인 경우 ① "첫, 첫 (번)째의; 첫째", ② "첫째[제일/일등]의"의 뜻으로, 부사인 경우 ③ "우선, 맨 먼저", ④ "처음(으로)", ⑤ "(여러 가지를 나열할 때) 첫째(로)"(=firstly)와 ⑥ "차라리"라는 뜻으로 쓰인다. at first는 "처음에는"이란 뜻으로 쓰인다. first of all은 ① "우선[다른 무엇보다 먼저]"과 ② "(중요도에 있어서) 가장 먼저"라는 뜻으로 쓰인다. first, firstly와 first of all은 '목록이나 연속적인 것에 있어서 첫 번째 항목을 소개할 때' 쓰인다. 그리고 at the beginning은 "초[반]에, 처음에"이고, in the beginning은 "처음에는, 맨처음에, 태초에"란 뜻으로 쓰인다. at the beginning은 '시간상으로 무엇의 시작 지점이나 장소에 대해 말할 때' 쓰인다. in the beginning은 '나중 상황과의 대조를 염두에 둘 때' 쓰인다. in the beginning은 어떤 것이 시작된 후 곧장 과거의 시간 쪽으로 길게 내다보는 경우에 쓰인다. 그리고 at the beginning은 in the beginning과 달리 at the beginning 다음에 보통 전치사 of가 뒤따라온다.

〈first의 경우〉

①의 예

I didn't take the first bus.
(나는 첫 버스를 타지 않았다.)
The first question is a cinch.
(첫 문제는 아주 쉽다.)
It was the first time they had ever met.
(그때가 그들이 처음으로 만난 때였다.)
His second book is better than his first.
(그의 두 번째 책이 첫 번째 것보다 낫다.)

She resolved to do it at the first opportunity.

(그녀는 맨 첫 기회 때 그것을 하리라고 별렀다.)

What were your first impressions of college?

She lost 16 pounds in the first month of her diet.

②의 예

a painter of the first rank(일류 화가), an issue of the first importance(제일 중요한 사안)

Your first duty is to your family.

(사람의 첫째 의무가 가족에 대한 의무이다.)

There is more room in first class.

(일 등칸에는 공간이 더 많다.)

She was a snob of the first order.

(그녀는 최고의 속물이었다.)

The car was in first-class condition.

(그 차는 상태가 최고였다.)

She won first prize in the competition.

(그녀는 그 대회에서 일등상을 받았다.)

They finished in joint first place.

The first duty of any government must be to protect the interests of the taxpayers.

③의 예

to be first past the winning post(결승점을 맨 처음 통과하다)

Who came first in the race?

(그 경주에서 누구 맨 먼저 들어 왔니?)

Add the numbers in brackets first.

(괄호 안의 숫자들을 먼저 더하라.)

First I had to decide what to wear.

(우선 나는 무엇을 입을 지부터 결정해야 했다.)

It plunged nose first into the river.

(그것은 강물 속으로 코부터 맨 먼저 집어넣었다.)

First of all, let me ask you something.

(우선, 질문이 있어요.)

A: Do you want a drink?

B: I'll finish my work first.

(A: 한 잔 드릴까요?

B: 우선 일부터 끝내구요.)

First, tell me what you think of my products.

First, open all the windows. Then turn off the gas and, if necessary, call an ambulance.

④의 예

My parents first met on tour.

(부모님은 여행 중에 처음 만났다.)

When did you first meet him?

(당신을 그를 언제 처음 만났나요?)

I met her first on the campus.

(나는 그녀를 캠퍼스에서 처음 만났어요.)

Which of these two letters come first?

(이 두 통의 편지 중 어느 것이 먼저 왔죠?)

I think we first met seventeen years ago.

(우리 십칠 년 전에 처음 만났을 걸.)

I first met him five years ago.

When he first came home he wouldn't say anything about what he'd been doing.

⑤의 예

First, try it on the dog.

(첫 번째로 개에게 먹여봐라.)

First set the mood with music.

(먼저 음악으로 분위기를 조성하라.)

First, fold the paper in half/in two.

(먼저 종이를 반/둘로 접어라.)

First you must accept the invitation.

(먼저 초대를 승낙해야 합니다.)

This method has two advantages: first it is cheaper and second it is quicker.

(이 방법은 두 가지 이점이 있습니다. 첫째는 돈이 적게 들고 둘째는 더 빠릅니다.)

First, put a big smile on your face.

Certain basic guidelines can be given. First, have a heating engineer check the safety of the heating system.

⑥의 예

I would rather die first.

(나는 차라리 죽고 말겠다.)

He said he would die first.

(그는 (그런 짓을 할 바에는) 차라리 죽어 버리겠다고 말했다.)

If I had to do such a thing, I would (rather) die first.
(내가 그따위 짓을 해야 한다면 차라리 죽고 말겠다.)
She swore that she wouldn't apologize—she'd die first!
(그녀는 절대 사과하지 않을 거라고 했어. 차라리 죽어 버리겠대!)
I told them it would be useless, that you would die first.
(나는 자네가 차라리 죽어 버릴 만큼 쓸모없다고 그들에게 말했다.)
Oh, don't you know I would die first?
Marry that fat man of a fat cattle dealer? She would die first!

〈at first의 경우〉

I didn't like the job much at first.
(나는 처음에는 이 일[직장]이 별로 마음에 들지 않았다.)
I didn't even recognize you at first.
(내가 처음엔 널 알아보지도 못했어.)
At first the place was strange to me.
(처음에는 그 곳이 내게 낯설었다.)
If at first you don't succeed, try, try again.
(만약 처음에 성공하지 못하더라도 다시 해 보고 또 해 보아야 한다.)
* 이것은 속담이다.
At first I thought he was shy, but then I discovered he was just not interested in other people.
(처음에는 그가 수줍음이 많은 거라고 생각했는데, 나중에 보니 그는 저 다른 사람들에게 관심이 없었다.)
I found the job tiring at first but I soon got used to it.
At first I didn't like the climate, but after two years I got used to it.

〈first of all의 경우〉

①의 예

First of all, answer these questions.

(우선 이 질문들에 답변을 해 주십시오.)

First of all, let me ask you something.

(우선, 질문이 있어요.)

First of all, we'll try to find a place to live.

(우선 살 곳을 찾아봅시다.)

First of all we must identify the problem areas.

(무엇보다도 먼저 우리는 문제 부위를 확인해야 한다.)

First of all, I want to thank my parents for raising me.

(우선, 저를 키워 주신 부모님께 감사하고 싶습니다.)

First of all, this girl doesn't live around here.

First of all, I'm gonna tell you what my problem is.

②의 예

Happiness lies first of all in health.

(행복은 무엇보다 건강에 있다.)

* 이것은 속담이다.

First of all, the television can teach us a lot of things.

(우선, 텔레비전은 우리에게 많은 것을 가르쳐 줘요.)

First of all, I hope to be a good example for my sons.

(무엇보다도, 제 아들들에게 좋은 본이 되고 싶습니다.)

First of all, loyalty to a company should be worth a lot.

(우선 회사에 대한 충성심이 (아주) 중요시되어야 한다.)

The content of any article need, first of all, to be relevant to the reader.

(어떤 글이든 가장 먼저 내용이 독자와 관련이 있어야 한다.)

These new computers have several advantages. First of all, they're faster than the older machines. Secondly, they're far easier to use. And thirdly, they're more reliable.

<at/in the beginning 의 경우>

At the beginning, he had only one employee.

(처음에, 그는 종업원이 단 한 명만 있었다.)

It happens at the very beginning of the book.

(그것은 그 책의 맨 첫 부분에서 일어난다.)

We're going to Japan at the beginning of July.

(우리는 칠월 초에 일본에 간다.)

The wedding will be at the beginning of March.

(결혼식은 삼 월 초에 있을 것이다.)

The academic year commences at the beginning of October.

(새 학년은 시 월 초에 시작한다.)

At the beginning of each lesson there is usually a revision exercise.

At the beginning of the novel there is a long description of the farm where Daniel was born and grew up.

In the beginning, I was very upset.

(처음엔, 나는 매우 화났었다.)

That's contrary to what they said in the beginning.

(그건 처음에 말했던 것과 다르군요.)

You must break the opponent's spirit in the beginning.

(당신은 초반에 상대방의 기세를 꺾어야 한다.)

In the beginning God created the heaven and the earth.

(태초에 하느님이 하늘과 땅을 창조하셨다.)

Marin took the lead in the beginning of the second set.
(마린은 둘째 세트의 초반에 주도권을 잡았다.)
I didn't know she was a patient, in the beginning!
In the beginning, when the first settlers arrived, law and order didn't exist.

◈ 숙어로 쓰이는 first로는 come first, first and foremost와 first come, first served 등이 있다.

▶ come first: come first는 "최우선 고려 사항이다[가장 먼저다]"라는 뜻이다.

In fact, safety should come first.
(사실, 안전이 우선시 돼야 한다.)
Moral or immoral, the client must come first.
(도덕적이든 비도덕적이든, 의뢰인이 가장 먼저다.)
But helping oneself should always come first.
(하지만 언제나, 자기 자신을 소중히 하는 것을 최우선으로 고려해야 한다.)
The safety of patients must come first at all times.
(환자들의 안전이 최우선이다.)
In any decision she makes, her family always comes first.
(그녀가 내리는 모든 결정에서 가족이 항상 가장 먼저다.)
Do I still come first with you?
There's no time for boyfriends, my career comes first.

▶ first and foremost: first and foremost는 "다른 무엇보다도 더"라는 뜻이다.

First and foremost, he is a terrific writer.

(우선 무엇보다도, 그는 아주 훌륭한 작가이다.)

It is first and foremost a trade agreement.

(그것은 단연코 무역 협정이다.)

He does a little teaching, but first and foremost he's a writer.

(그는 가르치는 일도 좀 하지만 다른 무엇보다도 그는 작가이다.)

First and foremost, I think you should work harder on your biology.

(제일 먼저 중요한 일은, 당신이 생물학에 좀더 열심히 몰두해야 된다는 것이 아니겠나?)

First and foremost you have to find a market before you can actually develop it.

(다른 무엇보다도 실제로 그것을 개발하기 전에 판로를 개척해야 한다.)

Cultural issues are first and foremost a national and inter state matter.

Our hopes are centred first and foremost on the young generation in our countries.

▶ first come, first served: first come, first served는 "선착순"이란 뜻이다.

First come first served at the crossing.

(교차로에서는 먼저 온 차가 먼저 간다.)

Tickets are available on a first come, first served basis.

(티켓은 선착순으로 배포[판매]된다.)

You will be admitted on a first come, first served basis.

(오시는 순서에 따라 입장 가능합니다.)

First come first served has been strictly and impartially applied to all applications.

(모든 지원자에게 선착순이 엄격하고 공평하게 적용되어져 왔습니다.)

Limited complimentary onsite parking is available on a first-come, first-served basis.

(무료 구내 주차장은 주차 공간이 제한되어 있으며 선착순으로 이용하실 수 있습니다.)

Your children go to the school in your area on a first come first served basis.

Car parking spaces at the sites are allocated on a first come first served basis.

2 주어가 생명체가 아닌 경우의 쓰임새

일반적으로 한 개 글의 주어는 생명체인 경우가 대부분이다. 이런 경우에 한글로 옮길 때는 주어를 그대로 옮겨도 의미상으로 차이가 없다. 그런데 주어가 생명체가 아닌 경우에는 한글로 옮기는 경우 주어를 글자 그대로 옮겨도 되기도 하지만, 대부분은 약간 달리 한글로 옮겨야 한다. 여기서 약간 달리 옮긴다는 것은 부사적으로 옮긴다는 뜻이다. 부사적이라고 하는 것은 이유, 원인, 시간, 조건이나 양보 등의 뜻이 들어 있다는 것인데, 이 가운데 주로 이유를 나타내는 경우가 영어에서 가장 많이 쓰인다고 볼 수 있다.

<주어가 생명체인 경우>

You will be notified by letter.

((당신께) 편지로 알려 드릴 겁니다.)

The kids were playing in the street.

(아이들이 거리에서 놀고 있었다.)

Some animals are inactive during the daytime.

(일부 동물은 낮 동안에는 활동을 하지 않는다.)

He had a sudden impulse to stand up and sing.

(그는 갑자기 일어나서 노래를 부르고 싶은 충동이 들었다.)

They live in a remote area, inaccessible except by car.

(그들은 차로 가지 않으면 가기 어려운 외딴 지역에 산다.)

The tiger is native to India.

She works for local newspaper.

Tiger Woods is still three shots off the pace.

I don't want to get involved in office politics.

The animal is covered in long piercing spines.

<주어가 생명체가 아닌 경우>

1) 글자 그대로 옮겨도 의미상의 차이가 별로 나지 않는 경우

His resignation came as no surprise.
(그의 사임은 전혀 놀랍지 않게 찾아왔다.)
Her quick action saved the child's life.
(그녀의 빠른 동작이 그 아이의 목숨을 구했다.)
The rain came too late to do any good.
(비가 너무 늦게 내려 아무런 도움이 되지 못했다.)
Her death came as a terrible shock to us.
(그녀의 죽음은 우리에게 끔찍한 충격으로 찾아왔다.)
The stage lighting gives the effect of a moonlit scene.
(무대 조명이 달빛이 비치는 장면이라는 느낌을 준다.)
The company must reduce costs to compete effectively.
(효과적으로 경쟁할 수 있으려면 회사가 비용을 줄여야 한다.)
The agreement came after several hours of negotiations.
(그 합의는 몇 시간의 협상 뒤에 이루어졌다.)
The new speed limit on this road becomes effective from 1 June.
(이 도로에 대한 새 속도 제한법은 유월 일일부로 발효된다.)
Output consists of both exports and sales on the domestic market.
(생산량은 수출량과 국내 시장 판매량 둘 다로 이뤄진다.)
Long prison sentences can be a very effective deterrent for offenders.
(장기 구금형이 범법자들에게 아주 효과적인 범행 억제책이 될 수 있다.)
The paint is starting to peel off.
The road bent slightly to the right.
News of serious road accident is just coming in.

2) 부사적으로 옮기는 것이 훨씬 우리글이나 말에 가까운 경우

(1) <이유>의 경우

The shock has aged her.

(그 충격으로 그녀가 늙어 버렸다.)

The news really made my day.

(그 소식으로 나의 하루가 정말 즐거웠다.)

What led you to this conclusion?

(당신은 어째서 이런 결론을 내리게 되었죠?)

The church bells keep me from sleeping.

(교회 종소리 때문에 내가 잠을 잘 수가 없다.)

Male pride forced him to suffer in silence.

(그는 남자로서의 자만심 때문에 말없이 고통을 겪어야 했다.)

The constant tension was sap my strength.

(끊임없는 긴장으로 나의 체력은 쇠약해졌다.)

The endless rain seemed to dull all sound.

(끊임없이 내리는 비 때문에 모든 소리가 흐릿해진 것 같았다.)

A viral illness left her barely able to work.

(무슨 바이러스성 질환으로 그녀는 걸음도 간신히 걸을 수 있을 정도가 되고 말았다.)

Last year ill health compelled his retirement.

(그는 작년에 건강이 안 좋아서 사직해야 했다.)

Years of fighting have left the area in ruins.

(여러 해에 걸친 싸움으로 그 지역은 폐허가 되어 버렸다.)

The scandal may bring down the government.

(그 스캔들로 정부가 실각하게 될 수도 있다.)

The rain prevented them from eating outdoors.

(비 때문에 그들은 야외에서 식사를 하지 못했다.)

Her presence lent the occasion a certain dignity.

(그녀의 참석으로 행사에 어떤 위엄이 느껴졌다.)

An injury was hindering him from playing the best.

(그는 부상으로 최고 기량을 못 내고 있었다.)

The job involves me travelling all over the country.

(나는 일 때문에 전국으로 출장을 다녀야 한다.)

His age effectively ruled him out as a possible candidate.

(그는 연령 때문에 가능한 후보에서 실질적으로 제외되었다.)

Her criticism had the effect of discouraging him completely.

(그녀의 비판은 그의 사기를 완전히 꺾어 놓은 결과를 낳았다.)

* 여기서 '그녀의 비판은'은 '그녀의 비판으로'나 '그녀의 비판 때문에'가 그 속뜻일 것이다.

Her resignation will be a severe embarrassment to the party.

(그녀의 사임으로 그 당은 몹시 곤란해질 것이다.)

Dense fog is affecting roads in the north and visibility is poor.

(북부 도로들에서는 짙은 안개의 영향으로 시계가 좋지 못합니다.)

The high price of the service could deter people from seeking advice.

(그 서비스의 비용이 높아서 사람들이 조언을 구하는 일을 단념할 수도 있다.)

My mother's continual nagging drove me into running away from home.

(엄마의 끊임없는 잔소리가 나로 하여금 가출하게 하였다.)

What brings you here today?(=What is your reason for coming today?)

Ill health forced him into early retirement.

His financial situation suffers through his unwise investments.

(2) <조건 >의 경우

Wine dulls the senses.

(포도주를 마시면 머리가 아둔해진다.)

Red wine gives me a headache.

(적포도주를 마시면 나는 머리가 아프다[두통이 난다].)

Her music always sends me to seep.

(그녀의 음악을 들으면 난 항상 잠이 온다.)

Victory would assure a place in the finals.

(승리하면 결승전 진출이 보장될 것이다.)

Being rude to me won't get you anywhere.

(나한테 무례하게 굴면 네게 득 될 게 없을 걸.)

Flowers can bring a dull room back to life.

(꽃을 놓으면 칙칙한 방 안에 다시 생기가 돌 수 있다.)

This cream should help to relieve the pain.

(이 크림을 바르면 통증이 줄어들 것이다.)

Use of these chemicals may present a fire risk.

(이들 화학 물질을 쓰면 화재 위험이 있을 수 있다.)

Bad weather can upset even the best-laid plans.

(날씨가 안 좋으면 아무리 잘 세운 계획도 잘 못될 수 있다.)

Pressure applied to the wound will stop bleeding.

(상처에 압박을 가하면 흐르는 피가 멈출 것이다.)

Further treatment will prevent cancer from developing.

(치료를 더 받으면 암이 진행되는 것을 방지할 수 있을 겁니다.)

Building a new road here will force house prices down.

(여기에 도로를 신설하면 집값을 하락시키게 될 것이다.)

A high ceiling gives a feeling of airiness and spaciousness.

(천장이 높으면 통풍이 잘 되며 널찍하다는 느낌을 준다.)

The software enables you to access the Internet in seconds.

(이 소프트웨어를 쓰면 몇 초 이내에 인터넷 접속을 할 수 있다.)

Using too much water could spread the stain.

Statistics show that underage drinking is widespread.

An efficient bulb may lighten the load of power stations.

(3) <원인>의 경우

Weight has caused the sag.

(무게 때문에 그렇게 쳐졌다.)

The news brought tears to his eyes.

(그 뉴스를 들은 그는 눈물을 흘렸다.)

Her cries brought the neighbors running.

(그녀의 눈물을 듣고 이웃들이 달려왔다.)

The news of the disaster cast a chill over the party.

(4) 기타

The economics say you should do that.

(경제학에 따르면 당신은 그래야 합니다.)

The story goes that she's been married five times.

(그 이야기에 따르면 그녀는 결혼을 다섯 번 한 것으로 되어 있다.)

The research shows that computer games may cause aggression.

(연구에 따르면 컴퓨터 게임이 공격성을 유발할 수도 있는 것으로 드러난다.)

The report found that 30% of the firms studied had failed within a year.

(그 보고서에서는 연구 대상 회사들 가운데 삼십 퍼센트가 일 년 이내에 도산한 것을 발견했다.)

Government statistics show the largest drop in industrial output for ten years.
(정부 통계 자료에 따르면 십 년 동안 산업 생산량이 가장 큰 폭으로 떨어졌음을 알 수 있다.)
Research shows a wide difference in tastes around the country.
The latest economic statistics show that economic growth has slowed.

익힘문제

* 다음 글에서 틀린 부분이 있으면 고쳐 쓰세요.

1. At first, I would like to introduce myself.

2. At first, I now believe you are a time traveller.

3. I mentioned to you in the beginning of the exam?

4. Firstly, I couldn't understand the local people at all.

5. Firstly, I found the job tiring but I soon got used to it.

6. There are four points that I would like to make about the college. At first, there are not enough club activities...

7. I went and sat next to him. Firstly, I din't speak. I just sat there wondering what I could say. Then I said, "Nice day, isn't it?"

* 다음 영문을 한글로 옮기시오.

8. Fame hasn't really changed him.

9. At first, I wasn't sure if it could be done.

10. Being rude to me won't get you anywhere.

ANSWERS

1. First of all, I would like to introduce myself.
2. First of all, I now believe you are a time traveller.
3. I mentioned to you at the beginning of the exam?
4. At first, I couldn t understand the local people at all.
5. I found the job tiring at first but I soon got used to it.
6. There are four points that I would like to make about the college. Firstly, there are not enough club activities...
7. I went and sat next to him. At first, I din t speak. I just sat there wondering what I could say. Then I said, Nice day, isn t it?
8. 명성 때문에 사실 그가 변한 것은 없다.
9. 사실 처음에는 그럴 수 있을지에 대해 나는 확신이 서지 않았었어요.
10. 나한테 무례하게 굴면 네게 득 될 게 없을 걸.

ㄱ.ㄴ.ㄷ......

A.B.C......

알쏭 달쏭 영문법 ⑤

초판인쇄 2017년 5월 15일
초판발행 2017년 5월 20일
지은이 **서용득**
발행인 윤태건
펴낸 곳 도서출판 **가람**
주소 경기도 파주시 성재길 1-40(당하동)
전화 031) 904-7905~6
팩스 031) 904-7907
등록번호 406-2016-000141
E-mail garam3322@naver.com
ISBN 979-11-959687-3-2 94740

정가 25,000원